Martin Taylor

SOLOS MELÓDICOS

PARAGUITARRAJAZZ

O Guia Completo Para Improvisação Melódica no Jazz

MARTINTAYLOR

FUNDAMENTALCHANGES

Martin Taylor Solos Melódicos para Guitarra Jazz

O Guia Completo Para Improvisação Melódica no Jazz

Publicado por **www.fundamental-changes.com**

Copyright © 2019 Martin Taylor & Joseph Alexander

ISBN 978-1-78933-172-1

Editado por Tim Pettingale

Tradução: Daniel Bosi

Mais de 11.000 curtidas no Facebook: **FundamentalChangesInGuitar**

Instagram: **FundamentalChanges**

Para mais de 350 aulas gratuitas de guitarra com vídeos, acesse:

www.fundamental-changes.com

Direitos Autorais da Imagem da Capa: Adam Bulley (usado com permissão).

Sumário

Introdução

Sempre que começo a falar de improvisação de jazz, vejo muitos dos meus alunos de guitarra ficando nervosos, e não é de se admirar devido à forma como se ensinam os solos de jazz hoje em dia. Há tantas "regras" e maneiras "adequadas" de fazer as coisas que as pessoas podem se sentir intimidadas diante de uma grande massa de teoria que elas devem tocar musicalmente.

Muitos de vocês aprenderam que a rota para os solos autênticos de jazz se dá através da aprendizagem de teoria, além de saber as escalas corretas e substituições de arpejos que você deve tocar em um acorde Gb7#9b13. E depois, claro, transformar todo esse conhecimento numa ideia musical de dois tempos a 180 BPM! Não sei quanto a você, mas eu suo frio e sinto náuseas só de pensar em música dessa forma.

O que eu quero fazer neste livro é ensinar uma maneira mais musical de improvisar, usando um método que cresce organicamente a partir da melodia de qualquer música e está firmemente ligado à estrutura musical.

Já fomos a shows onde parece que a melodia de uma música é uma mera formalidade. Vou mostrar outra perspectiva. Uma perspectiva que usa a melodia da música como *fonte* do solo; uma maneira que não requer física quântica para ser entendida; e, acima de tudo, uma forma tradicional de solo que tem sido transmitida através de gerações de lendas do jazz e que eu me sinto privilegiado em passar para você agora.

As instituições modernas de música parecem estar muito preocupadas em ensinar *o que é possível* tocar. Devido a essa abordagem, os alunos pensam que *devem* colocar o maior número possível de opções teóricas nos seus solos. Mas a verdade é que *a música vem primeiro*. A teoria é apenas uma forma de explicar os resultados. Quando eu toco, raramente penso na teoria. Na verdade, eu só penso em teoria quando estou em uma situação difícil! Ao longo dos anos, os músicos com os quais toquei mostraram-me alguns grandes conceitos, mas a maioria das minhas ideias vem de imitar os grandes guitarristas que eu cresci ouvindo.

Normalmente, minhas ideias de solo são bastante simples e começam como *variações* para a melodia. Eu desenvolvi uma maneira simples de mirar nas notas mais importantes da melodia e, em seguida, construir *motivos* curtos em torno delas. Esses motivos começam simples e posteriormente uso o meu vocabulário e linguagem de jazz para transformá-los em solos totalmente improvisados. Isso não só ajuda a desenvolver um solo coeso que conta uma história, como também ajuda o público a entender e a se envolver com o que está acontecendo.

A beleza dessa abordagem não é apenas sua natureza instantânea, ou o fato de exigir apenas um mínimo de teoria. É que os solos que você cria estão intimamente ligados à melodia e, portanto, são *naturalmente musicais*. O seu público vai agradecer! As suas ideias musicais serão facilmente seguidas e a sua performance improvisada se relacionará fortemente com a música que está sendo tocada. Uma boa parte do público não saberá *por que* gosta mais da sua música (quando comparada a outros solos mais técnicos), mas definitivamente haverá uma relação mais forte e envolvente com seus solos.

Em última análise, este livro aborda como simplificar o seu pensamento e construir belos solos de jazz. Espero que seja revigorante, mas, acima de tudo, lembre-se de se divertir e aproveitar a música!

Uma nota de Joseph

Mais uma vez não posso acreditar na minha sorte! Estou aqui sentado e escrevendo um livro sobre guitarra jazz com um dos meus heróis musicais. Sinto-me muito privilegiado e honrado por trabalhar com Martin neste livro.

Este livro é o ápice de uma sessão no estúdio de Martin na Escócia, fazendo tantas perguntas estranhas quanto possível em um período de oito horas. A dificuldade (para mim como escritor) é que o virtuosismo e a fluência de Martin na guitarra são muito parecidos com a maneira como você e eu falamos nossas línguas maternas. Quando disse ao Martin: "Pare! Porque você tocou essa nota?!" eu poderia ter-lhe perguntado: "Porque você usa a palavra chapéu?" Sua resposta seria: "Bem, essa é a palavra certa para a coisa na cabeça daquele cara!"

Para Martin, a música é simplesmente outra língua com palavras, frases e vocabulário que entram em uso conforme a circunstância. Como tal, muitas vezes não há uma resposta teórica para a pergunta: "Por que você está tocando isso?" É simplesmente um caso de aplicar um vocabulário que foi aprendido, inventado e aperfeiçoado durante mais de meia década de experiência.

Eu passei tempo com muitos grandes guitarristas, e, de todos eles, o solo de Martin é o que melhor conta uma história. Para ele, um solo é outra forma de falar, criado da mesma forma que pedir a um grande romancista que escreva espontaneamente um livro. As palavras e a música fluem e criam sempre algo novo e bonito.

Dito isto, fiz muitas perguntas estranhas a Martin e extraí o máximo de informações que pude. Há uma estrutura definida para o que ele toca e uma lógica maravilhosa por trás de sua música. A ênfase principal é no *desenvolvimento da melodia*, levando-a da música para algum lugar novo. Há pouca dependência na "teoria do jazz" e ele certamente não está pensando "Ok, este é um compasso em A menor e eu preciso tocar tal e tal escala..." A abordagem de Martin é inteiramente baseada no uso da melodia como a força motriz para construir o solo.

Apesar da música de Martin soar incrivelmente complexa, sua abordagem envolve simplificar tudo. Por exemplo, ele não pensa em G7b9b13, ele visualiza um acorde de G Maior de duas notas. Todas as extensões de acordes complicadas podem ser adicionadas mais tarde, se desejado. Além disso, Martin conhece e *sente* o som de cada tom de acorde. Ele entende qual *humor* é criado ao adicionar uma nona, uma b5 ou uma décima terceira. É uma abordagem musical muito pura.

Como você provavelmente já pode dizer, este livro é uma luz sobre a teoria, mas vamos discutir conceitos como os intervalos de um acorde, como a tônica, terça, quinta, sétima e nona. Se você não está familiarizado com esses termos, então você provavelmente se beneficiaria de fazer algum trabalho preparatório antes de continuar. Posso humildemente sugerir o meu livro **Chord Tone em Solos na Guitarra Jazz**, pois ele ensina solos rapidamente, desenvolvendo a sua compreensão desses elementos essenciais da música.

Então, se não é "teoria formal do jazz", então o que você vai aprender com este livro?

A primeira coisa é que ele vai aumentar o seu vocabulário de jazz. Há centenas de exemplos notados por Martin que dão uma visão lógica de como realmente construir um solo de guitarra jazz. Vamos começar por aprender a variar a melodia de uma música para inspirar e estruturar o seu solo. Em seguida, você irá desenvolver a sua improvisação assim como um grande guitarrista de jazz faria.

Você vai descobrir como quebrar a harmonia de uma música de jazz em seus elementos mais simples e usá-los como uma estrutura para sustentar a sua criatividade.

Você vai estudar como Martin desenvolve um solo de jazz em tempo real, usando uma melodia inesperada que você já conhece. Você vai entender e dominar um ótimo fraseado e como fazer "swing" em sua guitarra.

Você vai descobrir como criar interesse em sua execução e, finalmente, juntar tudo isso com os estudos transcritos dos solos de Martin.

Este é o livro de guitarra de jazz mais prático e musical que já escrevi e estou muito orgulhoso de fazer parte dele. Todas as respostas para tocar guitarra de jazz estão aqui.

Obtenha o Áudio

Os arquivos de áudio deste livro estão disponíveis para download gratuito no site www.fundamental-changes.com. O link está no canto superior direito da página. Basta selecionar o título deste livro no menu e seguir as instruções para obter o áudio.

Recomendamos que você baixe os arquivos diretamente no seu computador, não no seu tablet, e extraia-os no computador antes de adicioná-los à sua biblioteca de mídia. Você pode então colocá-los no seu tablet, iPod ou gravá-los em um CD. Na página de download há um PDF de ajuda e nós também oferecemos suporte técnico pelo formulário de contato.

Para mais de 350 aulas de guitarra com vídeos, acesse:

www.fundamental-changes.com

Mais de 11.000 curtidas no Facebook: **FundamentalChangesInGuitar**

Marque-nos no Instagram: **FundamentalChanges**

Obtenha o Vídeo

Como um bônus especial para os compradores deste livro, Martin Taylor tem dois vídeos que explicam cada elemento-chave de sua técnica de *walking bass* e acordes, que não estão disponíveis em nenhum outro lugar. Siga este link para visualizar e baixar o conteúdo:

https://fundamental-changes.teachable.com/p/single-note/

Ou use o link curto:

https://geni.us/singlenote

Se você digitar o link acima em um navegador, por favor, note que não há "www".

Use o QR code abaixo para visualizar os vídeos no seu smartphone:

Capítulo Um — Melodia e Variação

Ao longo dos meus anos ensinando guitarra tenho notado que muitos guitarristas lutam com a improvisação no jazz. Muitas vezes, excelentes guitarristas que são bem versados em rock e blues fazem aulas comigo. Quando peço a eles que toquem uma música de jazz com solo, no entanto, eles muitas vezes começam a "tocar teoria" assim que o solo começa. Quando lhes pergunto em que estão pensando, a sua resposta é muitas vezes semelhante:

"Bem, isso é um acorde II menor, por isso preciso tocar uma escala Dórica. Em seguida, o acorde V se move para um acorde menor I, o que significa que eu preciso tocar a escala alterada. Para fazer isso, eu usei uma substituição e toquei um arpejo Maj7#5 construído a partir da #9 antes de resolver para o modo lídio no acorde tônico."

Fico nervoso só de escrever isso!

Tudo soa muito acadêmico e inteligente, mas quase sem exceção, quando os alunos pensam assim durante seus solos, eles não soam muito bem. Quando a melodia termina e o solo começa, você pode *ouvi-los tocar teoria*. O pior é que qualquer senso de melodia desaparece enquanto eles tentam "perseguir as mudanças de acordes" em seus solos.

Neste capítulo, quero apresentar uma forma melhor — um método mais antigo de solo de jazz que é mais fácil, soa melhor e se relaciona bem com o público, simplificando toda a sua abordagem. Esta é a forma *tradicional* de construir um solo de jazz e é uma forma mais autêntica e musical de abordar essa arte. Você verá que é muito simples começar.

A verdade é que todos os grandes músicos que você escutou e admira, que podem tocar música bastante avançada, já passaram (e continuam a trabalhar) pelo processo que estou prestes a lhe ensinar. A teoria de vanguarda é construída sobre estas fundações sólidas. É por isso que os grandes músicos soam tão bem. Não é a teoria avançada que faz um guitarrista ser fantástico, mas sim o desenvolvimento de uma linguagem de jazz baseada na melodia da música.

Este é o primeiro passo da sua nova jornada nos solos de jazz, porque o que estou prestes a compartilhar vai revelar o que os músicos de jazz *realmente* fazem quando improvisam. Está pronto?

Segredo Número Um: substitua a palavra "improvisação" pela palavra *variação*.

Ser forçado a "improvisar" imediatamente exerce pressão sobre você. A tarefa de ter que criar uma grande música do nada e em tempo real parece assustadora. Que perspectiva terrível!

Não sou atingido por um raio de inspiração sempre que toco um solo. Em vez disso, começo cada solo tocando *pequenas variações da melodia* da música.

Pense nisso por um minuto.

A melodia é a parte mais forte de uma música. Você não sai de um concerto cantando a progressão de acordes! Quase todos os standards de jazz eram originalmente músicas vocais, e é por isso que eles têm músicas tão fortes e memoráveis. Isto significa que é possível criar um solo forte e significativo, mantendo-se próximo da melodia e adicionando pequenas variações. Mesmo que o público não entenda o que está acontecendo musicalmente, eles vão sentir que suas variações estão relacionadas à melodia que acabaram de ouvir. Será uma experiência forte e tangível para a audiência.

Se você costuma solar variando a melodia, você não só traz seu público para o "passeio", você também tem material melódico pronto para ser desenvolvido naturalmente — você não está começando do zero.

Não só isso. Solar variando a melodia fornece toda uma *estrutura* para que o seu solo exista. Você nunca vai ficar "perdido nas mudanças de acordes" e, mais importante, você não terá que criar magicamente um tema musical totalmente novo.

Ao pensar em "variação melódica" em vez de "improvisação", você obtém ideias melódicas de graça e dá ao seu solo uma estrutura significativa.

O segredo de um solo de jazz forte é aprender a variar uma melodia e desenvolvê-la. Assim que você conseguir fazer isso, todo o resto se encaixará.

Vamos começar a aprender variando uma melodia simples que eu compus sobre um conjunto de mudanças de acordes muito familiar. Talvez reconheçam esta melodia do meu livro anterior, **Chord Melody em Detalhes**.

As mudanças de acordes podem ser tocadas na guitarra assim.

Memorize a posição de cada acorde, porque isso formará uma estrutura geográfica para suas variações — algo que discutiremos posteriormente em mais detalhes.

Agora aprenda e memorize a música que será um elemento importante para o resto deste capítulo.

Exemplo 1a

Quando você se sentir confortável tocando a melodia sobre as mudanças de acordes, toque novamente e realmente preste atenção em quais notas você sente que são as mais fortes e mais importantes na frase. Para os meus ouvidos, as notas mais importantes nesta melodia são as que caem na primeira batida de cada acorde. Eu chamo de "pontos de acerto" — eles são essenciais para definir a forma da melodia.

Aprenda-os agora nesta versão reduzida da melodia. Note que eu adicionei a nota do baixo para cada acorde. Primeiro toque as notas do ponto de acerto por conta própria, depois adicione a nota de baixo abaixo delas para que você possa ouvi-las e localizá-las no contexto do acorde.

Exemplo 1b

Quando os pontos de acerto estiverem fortes em sua mente, volte e toque a melodia completa algumas vezes para ouvir como os pontos de acerto se relacionam com a música. Quando estiver confiante, é hora de começar a adicionar uma pequena variação à música.

Como mencionado, muitas vezes a improvisação é ensinada da seguinte forma: "você pode tocar esta escala sobre este acorde..." mas isso está muito longe do que realmente acontece quando os músicos de jazz começam a improvisar. A abordagem mais intuitiva e melódica é *variar a melodia* e é isso que vamos fazer agora. Aprenda a seguinte variação da melodia, depois a compare com os pontos de acerto do exemplo anterior.

Exemplo 1c

Em que estou pensando quando crio pequenas variações como essa?

A primeira coisa é que eu mantenho esses pontos de acerto fortes nos meus ouvidos. Cada variação curta que eu toco está apontando para o próximo ponto de acerto na sequência. No exemplo anterior, comecei com um ponto de acerto, depois adicionei uma variação que levou ao seguinte, depois repeti essa estrutura do início ao fim. Você não tem que começar em um ponto de acerto (e vamos olhar para isso em mais detalhes mais tarde). Por enquanto, começar com uma nota melódica forte vai ajudar a ancorar suas variações para a melodia.

A próxima coisa a entender é que todas essas variações tendem a se encaixar bem na digitação quando eu toco as tônicas mostradas no Exemplo 1b. Essas tônicas ajudam-me a "mapear" o braço da guitarra e acabo tendo muito vocabulário em cada posição. Hoje em dia, tudo o que eu toco é conduzido pelos meus ouvidos, mas eles foram treinados por anos de audição, ensaio e experimentação — assim como você aprendeu a falar sua língua materna.

As notas de baixo e os pontos de acerto melódico são como um esboço a lápis de uma pintura a óleo. Assim que eu tiver o esboço, vou gradualmente preenchendo a cor. Ao ver a estrutura de acordes e a melodia dessa forma, eu estou despojando a música até seus princípios básicos. Eu posso então encontrar diferentes maneiras de me mover entre cada ponto de acerto, mantendo as estruturas de acordes em mente.

Toque os pontos de acerto do Exemplo 1b novamente, então tente esta nova variação. As notas graves são apresentadas entre parênteses. Não as toque a princípio, apenas aprenda a melodia.

Exemplo 1d

Quando estiver pronto, tente tocar o Exemplo 1d novamente, mas adicione as notas graves em cada acorde.

Lembre-se, as notas graves e os pontos de acerto melódico são um esboço inicial da pintura. Eu também visualizo uma versão simplificada da estrutura de acordes na minha mente quando toco. Eu faço isso adicionando a terça (ou a décima) do acorde em uma das cordas do meio. A terça de um acorde nos diz se ele tem uma qualidade maior ou menor e é incrivelmente útil para orientar nossos ouvidos. Quando trato de acordes, especialmente quando estou improvisando, só penso na tônica e na terça. Essas notas são o mínimo necessário para definir a harmonia e, uma vez colocadas, podemos adicionar as diferentes cores das extensões e alterações que desejarmos.

Eu amo essa abordagem, porque em vez de pensar sobre como tocar sobre acordes complicados (como B7#9b13), eu estou pensando apenas sobre a tônica e a terça.

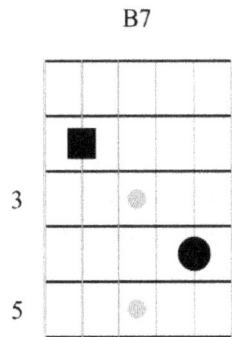

Eu não penso em uma harmonia complicada, apenas foco nesse contorno simples de cada desenho de acorde. Qualquer coisa que soe complicado nos meus solos vem de variações da melodia que são construídas em torno da tônica e da terça (décima).

Toque os acordes "naturais e de décima" da nossa música.

Exemplo 1e

Acontece que a melodia da nossa música é construída em torno das décimas dos acordes. Você provavelmente ouviu isso no exemplo anterior, mas é claro que nem sempre será o caso.

Esse esboço reduzido da harmonia da música significa que não estamos mantendo muita informação em mente enquanto usamos variações melódicas para colorir a melodia. Em vez de pensarmos em termos de acordes complexos, estamos reduzindo-os para simplificar o nosso pensamento. Podemos adicionar outras cores mais tarde.

Estas estruturas de décima são fáceis de mover pelo braço da guitarra e também são muito reconhecíveis. Nossa música está no tom de E menor, então aprenda os voicings naturais e de décima para cima e para baixo da corda E e da corda A.

Exemplo 1f

Agora que temos o braço mapeado em acordes naturais e de décima, vamos voltar à nossa melodia e olhar para mais algumas variações que poderíamos criar. Se você é novo nisso, há alguns padrões comuns *de notas de aproximação* que você deve conhecer. A primeira começa em uma colcheia antes da batida e se aproxima da nota alvo a partir de um tom de escala abaixo.

Exemplo 1g

O exemplo seguinte começa uma batida antes da nota alvo e se aproxima da nota alvo a partir do tom de escala abaixo e, em seguida, do tom de escala acima.

Exemplo 1h

Quando você estiver familiarizado com essas ideias, vale a pena praticar esses padrões de notas de aproximação na tônica, terça, quinta e sétima de cada acorde, pois isso ajudará a treinar os seus ouvidos a ouvir algumas formas melódicas fortes. Para um guia completo dessa técnica, confira o livro de Joseph, **Chord Tone em Solos na Guitarra Jazz.**

Vamos começar criando algumas variações simples para os nossos pontos de acerto melódico, aproximando cada nota alvo a partir de um tom de escala acima. É uma ideia simples, mas você começará a ouvir rapidamente algumas novas possibilidades de variação melódica.

Exemplo 1i

Aqui está uma frase um pouco mais longa que mira nos pontos de acerto.

Exemplo 1j

A seguir, podemos introduzir variação rítmica.

Exemplo 1k

Até agora, todas essas variações usaram notas de escala (da escala Menor Harmônica de E), mas é claro, os músicos de jazz adoram usar notas cromáticas para ligar os pontos de acerto na melodia. Uma nota cromática é qualquer nota que não exista na escala, então quando você começa a entender como elas funcionam, *cada* nota na música fica disponível! Mas não entre em pânico. Estamos apenas adicionando mais algumas variações à melodia.

Exemplo 1l

Aqui está outra ideia cromática. Ouça como a melodia influenciou a linha, e a simples adição de algumas notas cromáticas torna essa melodia muito mais interessante.

Exemplo 1m

Tocar com ideias cromáticas é muito divertido! Aqui está outra ideia mais longa, tocada em tempo livre, que continua mirando nos pontos de acerto da melodia.

Exemplo 1n

Agora cabe a você passar algum tempo explorando diferentes formas de abordar os pontos de acerto da melodia usando notas de escala e aproximações cromáticas. A melhor maneira de aprender isso é ouvir grandes músicos tocando e reciclando suas ideias. Essas abordagens são usadas o tempo todo e agora que você sabe o que está ouvindo, deve ser mais fácil escolhê-las. Mesmo que você não copie uma ideia perfeitamente, ouvir como outros músicos abordam isso ajudará no entendimento das formas melódicas e das possibilidades rítmicas que você pode usar.

À medida que você ficar melhor ornamentando os pontos de acerto melódico, pode acabar tropeçando em uma ideia da qual você gosta. Quando você encontra uma variação, você pode transformá-la em um *motivo* — uma ideia que pode ser transferida em torno das mudanças de acordes e adaptada conforme necessário para transformá-la em algo novo. Por exemplo, aqui está uma pequena melodia que inventei, baseada em um trilo. Observe como eu toco em torno dos acordes e modifico ligeiramente no final.

Exemplo 1o

Aqui está outro motivo que eu poderia usar para contornar a sequência de acordes. Novamente, você pode ouvir como ela começa cedo e tem como alvo os pontos de acerto da melodia.

Exemplo 1p

À medida que você ficar mais confiante, comece a se afastar dos pontos de acerto da melodia original e crie novos motivos em torno dos seus próprios pontos de acerto. Isso acontecerá naturalmente à medida que você passa o tempo praticando. Enquanto esses pontos de acerto provavelmente serão notas de arpejo dos acordes, eles não precisam ser, caso em que as possibilidades se tornam infinitas. O único limite nesse momento é o seu vocabulário de ideias. O segredo é ouvir o máximo de música possível e copiar os pequenos motivos que chamam a sua atenção, utilizando-os imediatamente na prática.

Exemplo 1q

Por melhor que seja praticar um único motivo em torno de toda a progressão de acordes, é mais musical desenvolvê-lo à medida que seu solo progride. Você pode começar simplesmente praticando diferentes motivos em cada acorde, mas quando você tiver aprendido o suficiente de ideias musicais, começará a desenvolvê-los de forma orgânica. O próximo exemplo é uma ideia mais livre que começa com um ponto de acerto, mas depois se transforma em uma frase mais musical.

Exemplo 1r

Aqui está uma ideia mais longa que se desenvolve rapidamente. É uma ideia mais avançada, então você pode segmentá-la para perceber como eu miro nas notas fortes da melodia. Você pode aprender pequenas frações dessa ideia no início e explorá-las individualmente.

Exemplo 1s

A próxima etapa é introduzir alguns espaços nas suas variações e começar a pensar em frases, assim como você faria ao falar. Este próximo exemplo é dividido em frases claras baseadas em torno de cada par de acordes. Repare que parei de me limitar aos pontos de acerto da melodia. Este é um estágio natural à medida que suas variações se desenvolvem e significa que você está começando a confiar nos seus ouvidos.

Exemplo 1t

A ideia seguinte vai um pouco mais longe novamente e introduz mais notas cromáticas para você brincar e aprender com elas. Eu a toco livremente e você provavelmente ouvirá meus comentários enquanto eu toco!

Exemplo 1u

Finalmente, aqui está uma ideia diatônica que realmente desenvolve a linha e está muito longe das notas alvo originais da melodia. No entanto, como a música se desenvolveu naturalmente e o seu público foi trazido para cá em passos lógicos simples, ainda é uma ideia melódica forte.

Exemplo 1v

É hora de seguir em frente, mas é importante dizer que o que você aprendeu aqui é uma grande parte do quebra-cabeça quando se trata de criar linhas de jazz bem concebidas e improvisadas. Os solos dos maiores guitarristas mantêm uma forte ligação com a melodia. Há um processo para isso:

- Aprenda a melodia

- Defina os pontos de acerto

- Varie a melodia em torno dos pontos de acerto

- Construa motivos e ornamentos em torno dos pontos de acerto

- Crie seus próprios pontos de acerto

- Construa sobre eles e desenvolva-os

Pense na sua improvisação como o processo de contar uma história. A sua forte ligação à melodia (ou ao tema principal da história) levará o seu público com você.

Capítulo Dois — Outras Notas Alvo e Tons Coloridos

No capítulo anterior, começamos nossa jornada de variação melódica criando pontos de acerto com base na melodia, que era baseada em intervalos de terças. Mas e se a melodia foi construída em torno das nonas, quintas ou décimas terceiras? Neste capítulo vamos discutir a ideia de que não são apenas os acordes que podem formar pontos de acerto para nossos solos. Na verdade, podemos mirar em praticamente qualquer nota que queiramos, em qualquer acorde, para adicionar cor e profundidade à música.

Como vimos no final do capítulo anterior, ao improvisarmos variações sobre a melodia, começamos naturalmente a visar notas diferentes relacionadas com cada acorde. E cada uma dessas notas tem uma "cor" diferente e fornece um ambiente diferente ao seu solo.

Não há regras para a rapidez com que se introduzem estas outras cores. Você pode querer introduzir nonas e décimas terceiras imediatamente, ou talvez você queira se ater aos tons de acordes "mais seguros" quando você começar a variar a melodia pela primeira vez. A única maneira de julgar o que funciona é desenvolver seus ouvidos, e a única maneira de fazer isso é ouvir, praticar e *tocar* muito!

Eu tenho feito isso profissionalmente há 50 anos, então eu experimentei muito. Os meus ouvidos são agora os chefes e eu toco nonas, décimas primeiras, décimas terceiras e outros intervalos sem realmente pensar neles conscientemente — os meus dedos simplesmente tocam o que ouço na minha cabeça.

Dito isso, neste capítulo darei muitos pontos de partida para as suas explorações de cor musical e espero que isso aponte bons caminhos na sua própria descoberta sonora.

Vamos recapitular rapidamente a melodia e pontos de acerto, nesse caso baseando-se em terças.

Exemplo 2a

Também aprendemos que podemos embelezar esses pontos de acerto adicionando pequenas variações ao redor da melodia, como no Exemplo 2b.

Exemplo 2b

Exemplo 2c

Em vez de mirar na nota da melodia (neste caso a terça), no entanto, eu poderia mirar na quinta de cada acorde. As quintas estão localizadas aqui. (Note que eu estou reduzindo o complexo acorde F#m7b5 para uma sonoridade "F menor").

Uma vez que tenhamos localizado o intervalo de quinta de cada acorde, podemos tocar um pequeno motivo que mira nas quintas. (Neste exemplo, eu termino na *tônica* do acorde E menor final para resolver a linha, porque é onde meus ouvidos me levam).

Exemplo 2d

Am7   D7   Gmaj7   Cmaj7   F#m7b5   B7   Em7

```
TAB:
e|-------------------------------------------------------------------|
B|---5--7--8--7--5-----3--5--2--5--3--------------5--8--7-------------|
G|---------------------------------------5--7------------------4--7--4--5--|
D|----------------------------------------------------------4-------------|
```

Agora é a sua vez. Quero que arranje cinco maneiras diferentes de se aproximar da quinta de cada acorde. Lembre-se, você pode usar notas de escala e ideias cromáticas. Consulte o capítulo anterior e veja como eu mirei na terça para lhe dar algumas ideias. Não se preocupe em tocar a escala "correta". Você já usou todas essas notas antes no Capítulo Um. Os seus ouvidos dirão se houver um som estranho.

Em seguida, tente combinar ideias para que às vezes você mire na quinta e às vezes na terça.

Esta linha começa na terça de Am e, em seguida, mira na quinta de D e continua alternando as notas alvo ao longo da frase.

Exemplo 2e

Am7   D7   Gmaj7   Cmaj7   F#m7b5   B7   Em7

```
TAB:
e|---------------------------------------------------------------------|
B|---5--7--5--7--5-----4--5--3--3-5--3----2--4--5--5--4----7--5--7--4--5--2--|
```

Será ótimo quando você puder mirar com confiança tanto na quinta como na terça! Deixe o livro de lado por um tempo e comece a mirar livremente em qualquer nota que você quiser em suas variações melódicas. Você pode usar a forma original da música para ajudá-lo, ou apenas ver para onde seus ouvidos o levam.

Este é um ótimo momento para simplesmente se divertir e explorar a guitarra. Você vê agora por que estabelecer a geografia dos desenhos de acordes é tão importante? Todas essas frases começam a ficar mais intuitivas quando você aprende onde estão as notas alvo fortes na relação com o acorde.

Agora invente cinco melodias curtas que miram na tônica de cada acorde, e cinco que miram na sétima. Você já sabe onde está a tônica de cada acorde, então aqui está uma imagem mostrando a localização das sétimas.

Sétimas são mais difíceis de ouvir no início, mas é uma nota importante para saber em cada acorde.

Há sempre novas ideias melódicas para descobrir. É uma busca para toda a vida, mas se você ouvir muito jazz, começará rapidamente a reconhecer e a usar essas melodias nas suas execuções.

Passe um tempo combinando linhas que miram em qualquer tom de acorde que você quiser (1, 3, 5 ou 7). Esteja ciente de que desenvolver fluência nisso levará tempo. É um processo lento, mas não desanime. Você vai gradualmente começar a ouvir as frases com mais facilidade. Para começar, inclua a tônica de cada acorde, para que possa ouvir o efeito das outras notas que você está mirando.

Além dos tons de acordes da tríade (1, 3 e 5) e da sétima, a nona é uma bela cor para mirar. Acrescenta uma riqueza e leveza ao acorde. No Exemplo 2f, eu mantenho apenas a tônica, a sétima e a nona de cada acorde e, em seguida, toco um motivo simples que salta entre a nona e a tônica na sexta corda. Os acordes são A menor, G Maior e F# menor.

Exemplo 2f

Nem sempre é apropriado mirar na nona em cada acorde, mas soa fantástico no acorde tônico de G Maior.

Exemplo 2g

Depois de ter trabalhado pelo processo de mirar nos tons de acordes que discutimos até agora (1, 3, 5, 7 e 9) e já tendo decifrado a "geografia", você pode misturar e combinar essas ideias, mirando nos intervalos livremente. No Exemplo 2h, eu subo saltando pelo braço da guitarra e miro diferentes notas em cada acorde. No entanto, há uma lição muito importante que eu quero que você aprenda: *a posição do acorde que eu escolho segue a melodia que eu quero tocar.*

A melodia sempre vem primeiro, então se eu ouvir um salto na melodia, eu costumo tocar o acorde mais alto no braço. É por isso que é tão importante conhecer os voicings naturais e de décima dos acordes, para cima e para baixo de cada corda.

Você pode analisar a linha seguinte para ver quais os intervalos que a melodia mira em cada acorde, mas também use seus ouvidos. Você consegue reconhecer o som e a *sensação* de uma nona, uma terça e uma quinta? Ouvir esses intervalos como cores e sentir o seu *feeling* é muito importante para a sua musicalidade.

Você consegue ver como eu uso notas cromáticas para ligar algumas das notas alvo? Estas linhas não são compostas, sou apenas eu tocando o que ouço na minha cabeça.

Exemplo 2h

Enquanto você está na parte superior da guitarra, aqui está uma linha útil para ligar os acordes Am7 e D7.

Exemplo 2i

Outro lindo intervalo para mirar no acorde Gmaj7 é a sexta. Aqui está uma maneira que você pode fazer isso, mas explore sua guitarra e veja quantas melodias você pode fazer que terminam nesta nota. A sexta parece querer resolver na quinta, mas não é necessário.

Exemplo 2j

É importante notar que o acorde F#m é um pouco diferente, então em vez de tocar uma quinta aqui (C#), é muito melhor tocar um b5 (C). Eu não vou entrar na teoria por trás disso agora — eu só quero que você ouça o efeito da nota, em vez de ser um exercício acadêmico. Este exemplo ensina você a ouvir o som do b5 em contexto sobre a nota grave F#. Use seu segundo dedo para tocar a nota grave.

Exemplo 2k1

A nota b5 realmente quer resolver na quinta do acorde B7.

Exemplo 2k2

Aqui está uma linha que destaca a beleza da b5 sobre F#m, resolvendo na quinta de B7.

Exemplo 2k3

Esta linha também é muito bonita e mira principalmente nas nonas, com um b9 tocado sobre o acorde B7.

Exemplo 2l

Uma Substituição Importante

Antes de prosseguirmos, quero falar sobre uma ideia muito importante de substituição de acordes que uso frequentemente na prática. Uma substituição de acordes é simplesmente tocar um acorde em vez de outro. Isso significa que quando pensamos em uma substituição como um acorde, podemos mirar em seus tons de acordes em nosso solo, assim como temos feito até agora.

Quero manter a nossa discussão sobre esse conceito, sem complicar. Quando falamos de substituições, os alunos muitas vezes buscam os livros de teoria e surgem com algumas ideias complexas. Minha maneira de pensar para substituições de acordes (e saber quando tocá-las) é tão fácil que pode ser resumido em uma frase:

"Você pode se aproximar de qualquer acorde cromaticamente a partir de um semitom acima."

Isso significa que em vez de tocar o seguinte:

Você pode tocar...

A série de notas graves ilustrada no segundo diagrama é como uma *walking bassline*. Poderíamos tocar todas essas substituições o tempo todo, mas a música começaria a soar pesada e complicada. Em vez disso, podemos escolher uma opção.

Vamos explorar as possibilidades de apenas um deles — o acorde Db7 que precede Cmaj7.

Agora que temos um Db7 na primeira metade do compasso três, podemos usar seus tons de acordes (e extensões, se você quiser) como notas alvo em uma melodia improvisada. A digitação do exemplo seguinte requer um pouco de prática, se você ainda não estiver habituado, mas acho que é uma importante característica do meu estilo tocar a linha de baixo enquanto toco a melodia.

Aqui eu toco uma melodia através das alterações sem mudanças e, em seguida, toco a mesma coisa com a substituição de Db7. Eu escolhi uma cor mais rica aqui e toquei um Db9#11. Você pode ouvir como o uso de apenas este ponto de tensão torna a linha muito mais interessante.

Exemplo 2m

Quando eu toco essas substituições eu realmente não penso sobre uma escolha de escala separada que eu deveria estar tocando sobre o acorde, mas aqui está uma linha que eu uso muito e que contém uma grande coleção de notas a partir das quais você pode criar uma melodia.

Exemplo 2n

Este conceito pode ser aplicado a qualquer acorde que você gosta, mas tocá-lo um pouco antes do Cmaj7 é maravilhoso para começar. Mesmo que você possa tocar apenas uma ou duas notas nesse acorde, ele acrescenta interesse e sofisticação ao seu solo. Veja quantas melodias você pode criar com as notas de Db7 resolvendo em um tom de acorde de Cmaj7.

Qual Cor Devo Usar?

Até agora, discutimos diferentes formas de mirar nas notas mais importantes de cada acorde e também exploramos uma ideia de substituição simples. O perigo está em utilizarmos essa informação de uma forma quase matemática, mirando em um intervalo depois do outro e esquecendo completamente que o objetivo é criar uma boa música! Os exercícios têm sido úteis para ajudá-lo a localizar os tons de acordes, mas quero mesmo que se concentre nas cores e humores que cada intervalo cria contra os acordes subjacentes.

Como é que eles fazem você se sentir? E qual intervalo usar em cada situação?

Quero aproveitar um momento para descrever como penso nas diferentes notas em termos da sua cor e humor. Assim como um artista, temos uma vasta paleta de cores para escolher com muitos tons diferentes — não apenas preto, branco e cores primárias.

Se eu tocar um acorde de G Maior, a sonoridade é sólida, como uma cor primária. Mas se eu acrescentar a sétima maior, agora tenho uma sombra. De repente estamos em uma praia bebendo Piña Coladas! É um som bonito que sempre me faz lembrar *Garota de Ipanema*, especialmente quando combinado com a nona.

Se eu baixar isso para o b7, rapidamente fica mais tenso e remete ao blues.

Baixe-o novamente para a sexta e uma sensação diferente é criada. O que significa para você? Toque o seguinte exemplo.

Exemplo 2o

Quando você pensa mais em termos do humor que deseja criar (romântico, melancólico, reflexivo, tenso, etc), isso afetará sua escolha do ponto de acerto melódico. Aqui eu escolhi como alvo a nona no acorde Am, a quinta no D7, e as sétimas no Gmaj7 e no Cmaj7. Observe como eu movimento meus dedos que tocam as cordas através dos acordes para adicionar outra textura à música.

Exemplo 2p

Quando se trata de decidir quais os tons você irá mirar, tudo tem a ver com as cores. Cada tom ou *extensão* de acorde (9, 11 ou 13) representa uma cor diferente para mim. Qual deles escolherei depende do tipo de quadro que estou pintando.

Para usar uma analogia diferente, é como cozinhar. Não queremos usar os mesmos ingredientes em todas as refeições. Adicionar notas cromáticas é como adicionar um pouco de pimenta — só é apropriado para certos pratos! Assim, por exemplo, enquanto podemos adicionar o b5, #9 ou #5 a qualquer acorde, você provavelmente verá que estes funcionam melhor (para começar) nos acordes de sétima dominante.

Eu adicionei algum tempero no Exemplo 2q. Isso é como o #5 no acorde B7 soa movendo-se para a nona do Em.

Exemplo 2q

Trabalhe através da progressão, focando em um acorde por vez, e ouça o som de cada tom contra os voicings naturais e de décima. Perceba como cada um faz você se sentir. Internalize o som.

Este é um exercício extremamente valioso, mas é um trabalho para toda a vida. O contexto no qual você ouve os intervalos será muitas vezes diferente, então levará tempo para absorver os sons. No entanto, não há nada de errado em começar agora. Ouça as tônicas, nonas, terças, décimas primeiras, etc, no topo de cada voicing de acorde. Tente adotar uma abordagem organizada. Às vezes, você pode querer tocar a nota grave com o segundo dedo para ajudá-lo a alcançar o tom desejado.

À medida que você se aperfeiçoar na escolha das notas que refletem o estado de espírito que quer transmitir, a fase seguinte é escrever linhas que as liguem entre si. Nós olhamos para muitas linhas que ligavam tons de acordes no início do capítulo. Como inspiração, aqui está uma linha interessante.

Digamos que você está se aproximando do acorde Am7 e a próxima nota que você deseja mirar é o b3 do acorde D7. Aqui está uma linha criativa que faz essa união. Ela inicia uma batida antes do Am7 e desce cromaticamente para atingir o b3 antes de pular para baixo em uma sexta e continuar. Esta linha é uma ideia tradicional de bebop, então pegue este importante *lick* de jazz e, em seguida, tente copiar o desenho a partir do b3 do D7 para mirar na terça do acorde Gmaj7.

Exemplo 2r

Para encerrar este capítulo, quero apresentar um pequeno estudo que combina muitas das ideias que discutimos. Aprenda-o e, em seguida, faça uma segmentação para ver como ele liga as alterações de acordes. Você pode analisá-lo se quiser, mas antes de fazer isso quero que ouça o que as notas alvo fazem você sentir.

O estudo começa comigo tocando a melodia para colocar o som da música na sua cabeça, mas imediatamente salta para um solo bastante intrincado que não faz muitos dos passos de variação e desenvolvimento que eu normalmente faria. Já falamos sobre isso — aqui quero apresentar um vislumbre de onde se pode levar o conceito.

Você deve ser capaz de ouvir que muitos dos pontos de acerto da melodia estão rodeados de improvisação livre que consolida as ideias que lhe mostrei até agora.

Exemplo 2s

No próximo capítulo, vou segmentar camada por camada para mostrar como é possível variar, desenvolver e construir um solo até com as melodias mais básicas. Acho que você vai gostar!

Capítulo Três — Baa Baa Black Sheep

Nos dois capítulos anteriores, nós construímos as bases para solos significativos com notas únicas, e eu mostrei muito sobre a variação da melodia e tons de acordes para construir um solo. Tudo isto foi feito dentro da estrutura de uma sequência de acordes de jazz e vimos como tocar intervalos diferentes nesses acordes afetava a cor e o humor do seu solo.

Neste capítulo quero mostrar-lhe como *a variação* pode ser eficaz para transformar até mesmo as melodias mais simples em um solo de jazz que tem impulso e conta uma história. Uso frequentemente este exemplo nos meus retiros de guitarra, e funciona porque *todo mundo* conhece essa melodia, mesmo que não gostem de jazz.

Baa Baa Black Sheep tem uma melodia forte e simples baseada na escala maior. Pelo fato de a sequência de acordes não ser jazz, praticar com essa melodia permite-nos esquecer as mudanças para aprender a desenvolver variações. O objetivo aqui é embelezar a música e construir um solo criativo.

Vamos começar de forma muito simples e gradualmente expandiremos a complexidade das variações até que estejamos tocando um solo emocionante. Você pode pensar que isso faria com que a melodia se tornasse irreconhecível, mas quando apoiamos a improvisação com nossa nova estratégia de focar em pontos de acerto melódico, sempre manteremos uma forte ligação musical com a melodia. Além disso, porque começamos com variações simples, podemos levar o ouvinte numa viagem para que ele possa ouvir, passo a passo, como o solo se desenvolve.

Este capítulo irá ensinar a arte da variação melódica que remonta aos grandes compositores clássicos como Bach, Mozart e Paganini. Apesar das nossas frases de jazz e ideias cromáticas, é muito fácil ver como o que fazemos, enquanto improvisadores, se constrói sobre o gênio dos velhos mestres.

Vamos começar.

Este capítulo não contém muitas palavras, pois quero que a música fale por si. Se você ainda não sabe (embora eu duvide!) aqui está a melodia para *Baa Baa Black Sheep*.

Exemplo 3a

Espero que já esteja bem claro para você quais são as notas alvo da melodia, mas eu realcei as palavras relevantes na letra abaixo, caso você esteja em dúvida.

Baa *baa* **black** *sheep,*

Have *you any* **wool?**

Yes *sir,* **yes** *sir,*

Three *bags* **full***.*

Todas essas notas estão contidas na tríade de G Maior, exceto para o F no primeiro *"yes"*, que é a quarta.

Vamos começar adicionando um pequeno motivo à melodia para ornamentar um pouco mais! Repare que os pontos de acerto são os mesmos. Toco uma frase ligeiramente diferente para chegar ao próximo ponto de acerto.

Exemplo 3b

Aqui está outra pequena variação.

Exemplo 3c

Aqui está outro. Sei que tenho de chegar à minha nota alvo, mas a forma como chego lá depende de mim.

Exemplo 3d

Ok, vamos ficar um pouco mais jazz e usar um motivo com um pouco de cromatismo.

Exemplo 3e

O Exemplo 3f é uma ideia que disfarça um pouco mais a melodia básica, mas ainda a mantém presente.

Exemplo 3f

Preenchi algumas lacunas na próxima ideia.

Exemplo 3g

Tocar com um *feeling* diferente pode ter um efeito dramático no panorama geral da música, por isso vamos adicionar um pouco de swing!

Exemplo 3h

Às vezes é mais fácil obter uma sensação de jazz sem usar as cordas soltas. No próximo exemplo eu levo a melodia uma oitava acima e adiciono alguns ornamentos típicos de jazz.

Exemplo 3i

Aqui está uma abordagem de jazz/blues para variar a melodia. Repare como o *feeling* mudou. As notas não estão soando tanto e eu vario a minha articulação.

Exemplo 3j

Agora começo a tirar todas as restrições. Há notas cromáticas, motivos jazz e até mesmo a escala de blues aparecendo na minha execução. Mas você ainda pode ouvir *Baa Baa Black Sheep* porque eu te levei a este ponto em passos simples e eu ainda tenho como alvo ponto de acerto.

Exemplo 3k

Agora estamos começando a tomar mais algumas liberdades com a melodia e as coisas estão soando distintamente jazz. Aqui eu toco a peça duas vezes e continuo a construir as variações.

Exemplo 31

A próxima linha começa ficando muito próxima da melodia e introduz uma ideia importante de nota pedal de jazz que você deve aprender.

Exemplo 3m

Por hora, a melodia original foi tão desenvolvida que posso tocar o que eu quiser. O único ponto de acerto no próximo exemplo é realmente a nota final da melodia. Fiz um blues, acrescentando *double stops* e até alguns *bends*.

Exemplo 3n

Conforme você pratica esta abordagem cada vez mais, algumas de suas ideias acabarão sendo *licks* que você pode manter e reutilizar. É assim que se desenvolve a linguagem pessoal.

Aqui está uma ideia final. Uma pegada diferente que realmente articula a melodia e soa como um autêntico *lick* de swing.

Exemplo 3o

Aqui está: *Baa Baa Black Sheep!* Ao longo de todas essas variações eu nunca me desviei dos acordes simples que sustentam a melodia. Mesmo quando o solo estava ficando bastante avançado, eu continuava retornando ocasionalmente para referenciar os pontos de acerto e, assim, nunca perdi de vista a estrutura melódica e a força da música.

Quando você começa a aprender essa abordagem pela primeira vez, você pode achar um grande desafio criar novas ideias para variar a melodia, então eu recomendo que você aprenda minhas variações primeiro e copie essas ideias para usar na prática. Pode ser fácil errar a melodia de qualquer música — mesmo uma que você conheça bastante — por isso tente cantarolar os pontos de acerto enquanto toca, para ter em mente as notas que está mirando. Gradualmente, a sua confiança aumentará e poderá tomar mais liberdades com o ritmo e usar menos pontos de acerto.

Não se esqueça, o segredo é usar pequenas variações que levam a melodia para um lugar novo. Se você conseguir fazer isso, o seu público estará com você. Conforme você melhora essa habilidade, você naturalmente se torna capaz de iniciar seus solos com variações mais intrincadas e improvisações jazz. Seu único objetivo agora é ver quantas maneiras você pode encontrar para variar a melodia.

Capítulo Quatro — Desenvolvimento de Vocabulário e Fraseado

Depois de todo o trabalho desenvolvendo variações nos capítulos anteriores, você pode estar começando a perceber que desenvolver uma melodia com sucesso depende de algumas coisas.

Em primeiro lugar, você pode criar qualquer melodia que quiser, desde que seja forte e atinja a nota alvo no momento certo.

Em segundo lugar, quanto mais vocabulário "conectado" você tiver à sua disposição, mais interessantes se tornam suas linhas improvisadas.

Em terceiro lugar, todos nós temos as mesmas doze notas à nossa disposição, é tudo uma questão de como e quando as tocamos que nos torna diferentes como solistas!

Neste capítulo, trabalharemos para desenvolver seu vocabulário e fazer com que você pense criativamente sobre frases. Este não é um capítulo sobre *licks* de guitarra jazz, é sobre o desenvolvimento de sua própria linguagem musical na guitarra, que vai começar a formar sua própria voz única.

Como aprendemos uma língua? Simples! Nós copiamos de nossos pais e professores antes de adaptá-la e aprender a usá-la livremente para nos expressarmos.

Primeiro, deixe-me fazer uma observação rápida. Há uma diferença entre "*licks*" e "vocabulário".

Um *lick* é geralmente rígido. É uma frase musical que é sempre tocada da mesma maneira e provavelmente se encaixa sobre uma parte específica de uma progressão de acordes. Todos nós temos os nossos *licks* favoritos, mas eles podem ser limitados no seu uso. *Licks* são o equivalente de um livro de frases quando você está visitando um país estrangeiro e não fala bem a língua. É possível ler essas frases em voz alta para obter um resultado desejado, mas específico.

Ter *vocabulário* é diferente. O vocabulário é uma compreensão da língua, conhecendo o significado de cada palavra. O vocabulário é aprendido através do estudo e imersão numa cultura. Se *licks* são um livro de frases, o vocabulário é uma compreensão de como a língua é construída — a gramática e nuances sutis que estão ao seu comando quando você realmente domina a língua. É como conhecer todas as palavras disponíveis no dicionário e ser capaz de combiná-las da maneira que você quiser.

Você pode, é claro, aprender vocabulário através da aprendizagem de *licks* — e esta é a melhor maneira de começar — mas, finalmente, é mais criativo e artístico criar *licks* que são pessoais para você através da compreensão da língua.

Neste capítulo, vou ensinar um pouco da minha linguagem de jazz e você vai aprendê-la copiando a minha música. Quando você começa a desenvolver seu próprio vocabulário (usando minhas ideias e tomando-as em outras direções), você será capaz de usar essa linguagem para conectar os pontos de acerto em qualquer música que tocar.

Uma das razões pelas quais o meu estilo de tocar guitarra é muito distinto é que o meu vocabulário não vem realmente dos guitarristas de jazz. Sempre ouvi muitos pianistas e músicos de sopro. Isso não é novidade, mas o músico favorito de Django Reinhardt era Louis Armstrong. De fato, um dos desafios que os guitarristas de jazz enfrentam é que a linguagem do jazz foi desenvolvida sobre trompetes e saxofones — e essas linhas são bastante difíceis de traduzir para a guitarra. Essa é uma das coisas que se percebe primeiro quando se aprende a tocar jazz na guitarra — as digitações não são simples.

No entanto, é realmente essencial que você estude o vocabulário tocado nos instrumentos de jazz tradicionais como trompete, clarinete e saxofone se você quiser desenvolver uma linguagem de jazz autêntica. No início é um pouco estranho, mas logo nos habituamos aos padrões envolvidos.

Aqui está o tipo de linha que Django pode ter tocado, inspirado por um trompete. Imagine que isto é tocado por um trompete e você vai ouvir o que quero dizer.

Exemplo 4a

Aqui está outra peça do vocabulário de Django, este inspirado pela corneta. Ouça atentamente como eu articulo a frase porque estou copiando a forma como um instrumento de sopro o tocaria. Esta linha salta para cima e para baixo do braço da guitarra, talvez mais do que você gostaria, mas isso é apenas parte da linguagem. Não aprenda isso como um *lick* necessariamente, apenas concentre-se na articulação e na forma da linha e veja se você pode usá-la como uma variação de uma melodia.

Exemplo 4b

Aqui está outra frase que você poderia imaginar Louis Armstrong tocando. Mais uma vez, preste especial atenção às articulações que uso. Quais notas são fortes? Quais são ligadas? Quais são curtas? Quais são as longas?

Exemplo 4c

Você poderia analisar as três linhas anteriores para ver sobre quais escalas e arpejos foram construídas, mas acho que é melhor começar a usá-las. Uma maneira que você poderia fazer isso é focar no ponto de acerto final de cada frase e usar isso como a nota alvo em sua variação de melodia improvisada. Não é necessário usar a frase toda, só a parte que se destaca para você.

Passe 20 minutos usando a frase para mirar na tônica de cada acorde. Depois, passe tempo mirando na terça e assim por diante. Pode ser necessário alterar ligeiramente as notas, mas os seus ouvidos dirão quando isso tem que acontecer. O que é importante é tocar essas peças de vocabulário com confiança e com a mesma articulação que você ouve na faixa de áudio.

Você sabe onde está o seu ponto de acerto, e você sabe que o vocabulário funciona... Uma boa dica é ver onde está a nota inicial da frase em relação à nota alvo. Por exemplo, ela está um tom de escala acima da quinta ou um semitom abaixo da terça? Em seguida, preencha as lacunas com a linha. Nem todas as frases funcionam em todos os tons de acordes, você perceberá isso rapidamente.

Use a faixa de apoio e explore os sons que essas frases criam.

Vamos seguir em frente e começar a olhar para a minha linguagem. Já abordamos esse ponto antes, mas notas cromáticas são uma parte importante da maioria das linhas de jazz. Aqui está uma maneira de me mover entre os acordes da nossa música. Cada um dos movimentos entre os tons de acordes é um pequeno pedaço de vocabulário em si. Pegue aquele que mais gostar e mova-o em torno das mudanças. Por que não tomar a frase nas notas finais e usar isso para atingir um ponto de acerto em cada acorde?

Exemplo 4d

Aqui estão algumas outras peças do quebra-cabeça cromático. Novamente, elas serpenteiam seu caminho em torno das mudanças de acordes, mas cada transição é um pequeno pedaço de vocabulário. Você pode passar dias explorando apenas estas ideias.

Exemplo 4e

Agora vamos adicionar um pouco mais de complexidade e levar essas ideias um pouco mais longe.

Exemplo 4f

Aqui está uma improvisação um pouco mais longa, repleta de ideias melódicas que você pode copiar.

Exemplo 4g

Finalmente, aqui está outra passagem através das mudanças com algumas ideias fortes baseadas em trilos. Observe como minhas improvisações me levaram a um pequeno motivo (o trilo) que eu tomei e comecei a mover em torno das mudanças de acordes. Essa é uma ideia musical muito forte e você rapidamente começará a desenvolver temas em seus solos se você fizer isso. Além disso, o seu público vai adorar. Sempre que você tocar uma ideia de que gosta, repita e mova essa ideia. Isso irá ajudá-lo a refinar a maneira melódica de pensar e também soa muito bem!

Exemplo 4h

Pensar, cantar e tocar

Um dos perigos da guitarra é que os nossos dedos tomam conta quando tocamos. Isso significa que podemos rapidamente cair na brincadeira de tocar *licks* que fazem parte da nossa memória muscular, programados no nosso corpo. É comum ouvir os solos dos meus alunos sendo guiados pela guitarra, em vez de tocarem o que ouvem nas suas cabeças, mas isso é como se o rabo sacudisse o cachorro!

O maravilhoso do jazz é que ele funciona em qualquer instrumento, porque é tudo uma questão de expressar as ideias musicais que ouvimos nas nossas cabeças. Muitas vezes, uma grande parte do meu trabalho é ajudar o aluno a recuperar o controle da música. Este é, muitas vezes, um processo lento: os guitarristas estão muito habituados a tocar *licks* de blues e rock memorizados, em vez de realmente ouvir a música primeiro na cabeça e *depois* tocá-la na guitarra.

Por alguma razão, algumas pessoas se sentem desconfortáveis com o conjunto de exercícios a seguir, porque é necessário cantar! Não canto muito bem, mas não importa, isso não é um exercício de canto. Não se preocupe se você sentir que não sabe cantar, não é essa a questão.

Esta técnica pode fazer uma grande diferença na sua habilidade como solista de jazz. Envolve pensar em uma linha melódica, cantá-la e depois tocá-la na guitarra. Esta é uma grande disciplina a ser desenvolvida. Isso não só vai ajudá-lo a tocar as ideias na sua cabeça, mas também vai melhorar dramaticamente o seu fraseado. Suas linhas rapidamente assumirão uma qualidade vocal que é perdida pela maioria dos guitarristas.

Os exercícios seguintes irão ajudá-lo a começar. (Sinta-se livre para mudar o tom dos seguintes exercícios se eles não funcionarem para você).

Vamos começar com algo simples e, antes de tudo, vamos inverter o processo. Comece tocando a escala e a tríade de G Maior na sua guitarra. Depois, sem a guitarra, cante subindo e descendo a escala e a tríade que você acabou de ouvir.

Exemplo 4i

Agora que você estabeleceu o seu "território", cante uma frase simples de apenas algumas notas e a toque na sua guitarra. Não se preocupe se não a repetir perfeitamente no início — significa apenas que os seus ouvidos ainda não estão bem conectados à sua guitarra. Descubra-a nota por nota se necessário, e a conexão acontecerá. Cada nota que eu canto nos seguintes exemplos é tirada da escala de oito notas de G Maior, então você sabe que as respostas estão em algum lugar.

Exemplo 4j1

Exemplo 4j2

Exemplo 4j3

Agora é a sua vez. Você pode passar horas fazendo isso, além de funcionar como um grande aquecimento sempre que você pegar sua guitarra. Na sua cabeça, crie algumas frases simples usando apenas as notas da escala maior e *cante-as*. Depois, toque-as na guitarra. Você irá gradualmente fortalecer a ligação entre a música que ouve na sua cabeça e a que toca na guitarra.

Em breve, você vai querer se aventurar um pouco mais e adicionar saltos ligeiramente maiores às suas melodias.

Exemplo 4k1

Exemplo 4k2

Esta melodia acrescenta uma nota cromática.

Exemplo 4k3

Continue praticando este exercício todos os dias e muito lentamente comece a introduzir saltos maiores e uma ou duas notas cromáticas. É um trabalho para toda a vida!

Lembre-se do processo: pense no que quer tocar, *depois* cante e *depois* toque.

Não fique preocupado se, quando começar, existir uma diferença entre o que você canta e o que você consegue tocar na guitarra — o trabalho consiste em estabelecer a ligação entre a melodia cantada e onde essas notas estão localizadas. Continue esse processo para tornar essa distância cada vez menor. Em pouco tempo, você será capaz de tocar exatamente o que você ouve na sua cabeça em tempo real.

Quando você combina essa habilidade com todo o vocabulário que você está aprendendo, o vocabulário começará a influenciar as linhas que você "ouve" e suas habilidades de solista de jazz rapidamente se combinarão. Na verdade, neste ponto você pode realmente parar de se preocupar com escalas e teoria, porque as linhas que você ouve, canta e toca sempre funcionarão!

Incluí um vídeo do próximo exemplo para mostrar exatamente o que penso sobre cantar e tocar. Abaixo está uma transcrição do que eu toco no seguinte vídeo: **https://geni.us/singlenote**

Exemplo 41

Há outras maneiras de praticar essa habilidade. Uma ótima maneira é encontrar uma melodia vocal que você goste (não precisa ser jazz) e cantar uma frase junto com a gravação. Então, desligue a faixa e cante a frase novamente. Descubra o tom da música e toque a frase na sua guitarra. Novamente, você vai cometer erros, mas não se preocupe. Você vai cometer erros pelo resto da sua vida — eu sei que sim! A questão é ouvir a melodia, cantá-la e depois tocá-la. Se houver alterações de acordes, você também pode descobri-las, mas seu objetivo principal é cantar e, em seguida, tocar a melodia.

Um grande baixista com quem trabalhei, Peter Ind, muitas vezes não deixava seus alunos pegarem seus instrumentos e todas as lições eram dedicadas a ouvir e depois cantar melodias para melhorar o vocabulário do aluno.

Outra abordagem importante é transcrever partes de melodias e solos que você gosta, depois cantar. Esta é uma boa maneira de desenvolver o seu próprio vocabulário de jazz e, mais uma vez, liga-se fortemente à forma como aprendemos a falar. Eu não posso enfatizar o suficiente que *cantar é a ponte* entre as melodias que você ouve e realmente ser capaz de tocá-las na guitarra em tempo real. Chama-se treino de ouvido porque os nossos ouvidos *podem ser treinados!*

Por fim, o objetivo é contornar a parte de cantar e tocar imediatamente o que você ouve na sua cabeça. Cantar é apenas uma ponte. Um velho ditado budista visualiza o processo como a travessia de um rio. Estamos em uma margem (pensando) e queremos chegar à outra margem (a execução). Podemos usar um barco (cantar) para chegar lá, mas uma vez que estamos na outra margem, chegamos ao nosso destino — não precisamos mais do barco.

Fraseado e Articulação

Comparado a muitos instrumentos, tocar guitarra é um processo muito mecânico. O que quero dizer com isto é que, ao contrário do saxofone, trompete ou voz, podemos tocar guitarra constantemente sem interrupções porque não precisamos respirar para tocar uma nota. Enquanto outros músicos são *forçados* a deixar lacunas nas suas linhas devido à sua necessidade de respirar, os guitarristas podem continuar tocando! Isso não é bom porque há uma tendência ao exagero.

Este é outro argumento forte para aprender a tocar jazz ouvindo músicos de sopro, trazendo algumas das suas abordagens de fraseado para as nossas execuções.

Pense também em como um cantor respira. Ele canta uma frase, respira e depois canta a próxima frase. Isso forma naturalmente uma frase de duas linhas que é frequentemente vista como uma estrutura de "pergunta e resposta". É algo a que o ouvinte responde naturalmente e que tem a vantagem adicional de te ajudar a manter o controle do seu lugar na música. Uma pergunta de dois compassos, seguida de uma resposta de dois compassos faz uma linha de quatro compassos. Se você fizer isso oito vezes, é possível encher um refrão de 32 compassos. Pode parecer óbvio, mas os guitarristas muitas vezes perdem de vista esse tipo de estrutura na música, e essa abordagem pode ajudar você e o seu público a acompanhar o andamento da peça.

Quando aprendi guitarra não aprendi realmente solos inteiros, aprendi frases que gostei e isso é algo que sempre sustentou a minha abordagem ao tocar. Pensar em *fraseado* e não em teoria é vital, porque quando se pensa em termos de "estas são as escalas que posso tocar neste acorde", perde-se o aspecto musical e melódico do jazz. A teoria é útil, mas não durante a improvisação!

Quando você começa a pensar em frases para criar melodias, muitas vezes você vai descobrir que uma frase sugere a próxima. Aqui está um exemplo de uma linha de quatro compassos dividida em frases de dois compassos. Observe como a frase de pergunta sugere uma resposta. Pense onde um saxofonista respiraria ao tocar isto.

Exemplo 4m

Quando eu solo, eu realmente respiro como um músico de sopro faria. Na verdade, só toco quando estou expirando. Isso me impede de tocar longas frases sem nenhuma pausa. Aqui está uma breve transcrição de como eu toco, que mostra onde minhas respirações ocorrem. (Na notação você verá um símbolo * ao qual foi dado um descanso de 1 batida. Esta é a pausa para respirar! Eu enfatizo propositalmente esta pausa no áudio de exemplo).

Exemplo 4n

Respirar, pensar em frases e aprender vocabulário são fatores importantes na criação de frases *poéticas*. Quando você se concentrar em aprender essas habilidades, descobrirá que a sua guitarra de jazz atingiu novos níveis. Quando falamos, respiramos. Você usa seu vocabulário e fala em frases para contar uma história clara. O mesmo se aplica aos solos de jazz.

Quando você se concentra no fraseado, um benefício inesperado é que você automaticamente começa a incorporar *o silêncio* na sua execução. Som e silêncio são duas faces da mesma moeda. Pense em quando um ator experiente faz um monólogo — suas pausas criam tanto impacto quanto suas palavras. O silêncio em uma história é essencial, porque permite ao ouvinte processar a informação que acabou de ouvir. Não se esqueça de usar silêncio em seus solos para destacar suas frases. Você será um guitarrista melhor.

Um ingrediente final que devemos acrescentar à receita de um bom fraseado é a *articulação*. Alguns guitarristas gostam de dar a cada nota de seu solo a mesma articulação, tocando cada nota uniformemente. Embora isso possa funcionar para alguns guitarristas, prefiro misturar a minha articulação tocando algumas notas e usando legato (*hammer-ons* e *pull-offs*) para dar às minhas frases um fluxo mais suave. As notas que eu toco podem realmente saltar em comparação com as notas ligadas, e isso introduz texturas totalmente novas nas minhas linhas.

Aqui está uma linha que eu toco primeiramente palhetando nota por nota, depois toco com o meu estilo normal de misturar a articulação. Cada palhetada é marcada e todos os ligados são mostrados pelas linhas curvas.

Exemplo 4o1

Exemplo 4o2

A chave aqui é experimentar e encontrar sua própria abordagem para articular suas frases. Ouça os grandes músicos de sopro e os músicos que você mais gosta. Ouça a dinâmica das suas linhas e veja como a articulação realça as nuances da música.

Capítulo Cinco — Swing, Ritmo e Tempo

Quando comecei a trabalhar como guitarrista, tive a sorte de poder tocar com alguns grandes músicos. No entanto, os músicos experientes eram duros com os mais jovens. Tocar uma nota errada ou esquecer da sua parte na música eram ofensas perdoáveis — mas o maior crime que você poderia cometer era não tocar no tempo. Não importava o quão bem você poderia tocar ou que ideias inteligentes você tinha. Se não tocasse no tempo, não duraria muito tempo na banda.

Enquanto tocar um pouco atrasado era um pouco melhor — especialmente no jazz — tocar muito atrasado era igualmente desaprovado.

Pensando sobre isso agora, vejo que esses caras tinham razão. Na vida real, o seu público responderá muito mais ao *groove* e a um ritmo forte do que às notas tocadas. O ritmo é um ponto de referência importantíssimo para a música. Ninguém sai de um show "cantando um ritmo", mas ninguém dança apenas uma melodia. Quando a banda está tocando, você pode ver o público começar a se mover, balançar, bater palmas e talvez até dançar!

O tempo e o *feeling* são puramente físicos. Isso significa que você não deve apenas contar com o metrônomo, você deve *ir* até ele também. Bata seu pé, acene com a cabeça, balance a cabeça, faça tudo — mas o que quer que você faça, certifique-se de ter uma conexão física com a batida. Quando você está tocando música há muito tempo, você pode sentir o ritmo em seu corpo; ele se torna como um batimento cardíaco.

O meu conselho é que, antes de tocar uma nota, você invista na definição do tempo. Ouça a banda ou seu metrônomo e sinta fisicamente o ritmo antes de tocar. Também faça algo físico, como bater o pé, para que o pulso não seja apenas auditivo.

Habilidades de ouvido

Depois de desenvolver o hábito de manter um ritmo antes de tocar, a próxima habilidade mais importante a desenvolver é ouvir — tanto os outros músicos como a si próprio.

Ouvir o que seus colegas músicos estão tocando na banda é importante em qualquer gênero musical, mas especialmente no jazz, que depende muito da improvisação e da interação. Se conseguir abrir os ouvidos e captar o que os outros instrumentos estão tocando, pode espelhar os seus ritmos e entrar em sintonia com as ideias. O público adora ouvir a interação entre músicos, quando a guitarra começa a tocar os mesmos ritmos que o baterista ou o pianista. As pessoas vão pensar que essas ideias foram ensaiadas, apesar da interação ser improvisada!

No entanto, também descobri que muitas vezes somos culpados de não *nos* ouvirmos muito. Alguns músicos são culpados de não ouvir cada nota que tocam e podem rapidamente perder o contato com o efeito que estão tendo no público. Se não estivermos atentos ao que estamos tocando, também podemos perder a noção do nosso metrônomo interno e não conseguiremos nos encaixar.

A maneira mais fácil de combater isso é gravar as suas performances para ouvi-las mais tarde. Muitas vezes você descobrirá que estava com pressa ou talvez não soou tão bem (embora também pode descobrir que soou melhor). Não fique desanimado se ouvir algo que não gosta na sua execução. Esse é um passo positivo, porque permite que você se concentre e melhore algo que nem sabia que existia.

Dominando o swing

Tocar acertando o tempo e com *feeling* em outros gêneros musicais (como o funk) é muitas vezes chamado de tocar "no bolso". O jazz tem sua própria versão de "tocar no bolso", chamado de *swing*. É um grande elogio se alguém lhe disser que gostou da sua performance por causa do "swing".

No entanto, o swing é notoriamente impossível de notar na música, e até um pouco difícil de descrever de uma forma simples e compreensível. O swing é mais arte do que ciência. Dito isso, criei alguns exercícios para você deixar de tocar "diretamente" para tocar com "swing" num excelente estilo jazz. Você precisará ouvir atentamente o áudio desses exemplos para ouvir a sensação de swing se desenvolver. (Se você ainda não fez o download, você pode fazê-lo em **www.fundamental-changes.com**).

O Exemplo 5a é uma melodia baseada na música que você aprendeu anteriormente com as mudanças de *Autumn Leaves*. Aqui a melodia é tocada sem swing — é completamente direta.

Exemplo 5a

Aqui está a mesma melodia, mas agora, sutilmente, estou começando o swing. Repare que não estou simplesmente tocando a mesma melodia de forma saltitante. É a colocação variada das notas que cria a forte sensação rítmica. Às vezes estou antecipando a batida, tocando notas um pouco antes dela, e às vezes estou tocando um pouco atrasado.

Exemplo 5b

Se eu pudesse descrever em uma frase, é esse efeito de "empurrar e puxar" que é a essência do swing. No Exemplo 5c, note que nos primeiros quatro compassos eu estou puxando a batida para trás ao tocar com atraso. É quase estranho! Mas, depois dessa tensão, vem uma liberação nos quatro compassos seguintes, onde o fraseado ainda tem swing, mas as notas são tocadas mais na batida.

Exemplo 5c

Se você se gravou tocando com um metrônomo, com certeza reparou que o metrônomo é monótono — e é para ser! Ele respeita perfeitamente a tempo. Para criar o swing, você precisa driblar o tempo e trabalhar em torno dele. No Exemplo 5d, estou deliberadamente tocando atrasado para destacar o que quero dizer.

Embora o metrônomo seja matematicamente preciso, você pode criar a ilusão de que o tempo está mudando. Ouça atentamente o exemplo de áudio e você ouvirá a interação entre a linha melódica e o metrônomo.

Exemplo 5d

Agora estou embelezando a melodia simples que comecei, ao adicionar outras escalas e notas cromáticas. No exemplo mais longo que se segue, estou ilustrando como é possível puxar e empurrar livremente enquanto toca para criar um sentido de movimento e direção. Agora não estamos apenas tocando notas, estamos começando a contar uma história — com swing.

Exemplo 5e

Tenho a certeza que você consegue ouvir a diferença entre algo que é tocado de forma totalmente direta e algo com swing, mas como é que se pode desenvolver essa habilidade?

Quando eu toco, estou conscientemente retendo certas frases para tocá-las um pouco mais tarde. Quando você começa a praticar isso, pode parecer que está simplesmente tocando com tempo ruim. Não se preocupe, isso é normal! Grave-se e ouça onde está colocando as notas. Nós guitarristas temos uma tendência de nos apressarmos e, muitas vezes, acabamos forçando contra a batida. Se você se concentrar em tocar notas apenas uma fração mais tarde do que o normal, invariavelmente vai descobrir que está tocando com muito mais feeling.

Para além de me conter conscientemente, também tenho notas alvo a acertar. Dessa vez não estou mirando em tons de acordes, estou mirando em *batidas*. Quando eu estico o tempo como um elástico, puxando contra a batida, eu também vou tocar certas notas na batida.

Quando você estiver realmente confortável e dominando o tempo, você pode escolher qualquer batida que você quiser. Mas, para praticar essa habilidade, você deve começar por uma batida específica de vez em quando. Nesse pequeno exemplo estou mirando na primeira batida do compasso um e do compasso três.

Exemplo 5f

Configure o seu metrônomo em cerca de 60 BPM e reproduza as frases que quiser, mas certifique-se de acertar na mosca a batida 1 de cada compasso intercalado. Por hora, não importa o que é feito no meio, desde que você acerte essas batidas perfeitamente. Se você praticar isso com capricho, a execução começará a parecer natural — e seu tempo e *feeling* terão melhorado dramaticamente!

Aqui está um exemplo mais longo:

Exemplo 5g

O que quero que você extraia disso é que o swing não consiste apenas em tocar a segunda colcheia mais tarde, mas sim em como você coloca as notas em toda a frase. Trata-se de relaxar e não apressar a batida, transformando o pulso em algo físico e ouvindo a sua seção de ritmo.

Aqui está um exemplo final — uma transcrição de um solo espontâneo que eu toquei para demonstrar meu swing e fraseado sobre uma peça mais longa. Trabalhe nesse exemplo e preste atenção em quais batidas eu estou mirando e quais notas são empurradas ou puxadas.

Exemplo 5h

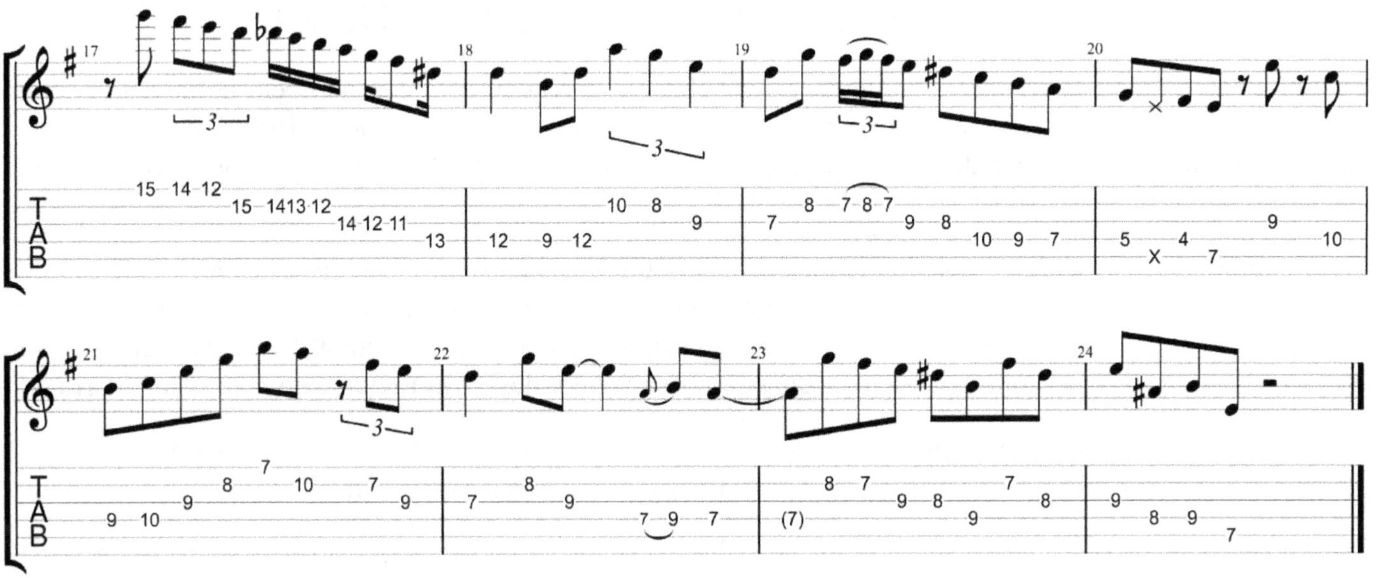

Capítulo Seis — Tocando Fora da Caixa

Quando você estudou as escalas na guitarra, provavelmente aprendeu com desenho bem definidos ao longo do braço da guitarra. Eles são úteis para começar, mas, uma coisa que eu descobri ao longo dos anos, é que é muito mais útil tocar subindo e descendo no braço da guitarra em vez de manter a minha mão travada em uma única posição.

Tocar subindo e descendo no braço da guitarra torna muito mais fácil o processo de seguir as progressões de acordes, porque há sempre uma tônica para a qual podemos nos mover na sexta ou quinta corda, e isso nos impede de ficarmos presos nas mesmas ideias, usando sempre os mesmos desenhos de escala. Acho que sou muito mais criativo como guitarrista de jazz quando posso subir e descer livremente no braço da guitarra.

No Capítulo Um, eu mostrei como tocar voicings naturais e de décima subindo e descendo no braço da guitarra, e o que vamos cobrir neste capítulo está intimamente ligado a essa estrutura.

Permitam-me ilustrar a diferença de abordagens. Por exemplo, aqui está uma linha reproduzida em uma posição. Sinto-me bastante "preso" enquanto toco isso e a minha linha parece um pouco previsível e limitada.

Exemplo 6a

No próximo exemplo, eu começo a linha da mesma maneira, mas me permito mudar de posição no braço para lidar com alguns dos acordes. Imediatamente eu me sinto mais livre e você vai notar que a melodia não só fica mais confortável, ela me permite ter mais extensão na guitarra.

Exemplo 6b

Quando toco a linha acima, visualizo os seguintes desenhos de acordes e construo minhas linhas em torno deles. É claro que os desenhos saltam pelo braço da guitarra, mas quanto mais você praticar assim, mais fácil será de juntar essas ideias e preencher a "terra de ninguém" no meio.

Exemplo 6c

Quando os guitarristas tocam em uma área do braço o tempo todo, um resultado indesejado é que a música se torna bastante monótona em termos de extensão. É importante perceber que o *registro* em que tocamos afeta a *sensação* das notas. Intervalos graves na guitarra são bastante escuros e densos, enquanto intervalos tocados no alto do braço são muito mais claros e brilhantes. Embora os intervalos sejam os mesmos, tocá-los em posições diferentes é como poder pintar em diferentes tonalidades da mesma cor.

Para demonstrar essa ideia, aqui está a nossa música tocada em três registros diferentes. Você vai ouvir instantaneamente a diferença.

Exemplo 6d

A dimensão de cor é tão importante para a expressão como para envolver o ouvinte. Construir a liberdade com a extensão para cima e para baixo do braço da guitarra é um conceito muito importante de ser praticado.

Posso usar a extensão deliberadamente para influenciar o humor do solo. Aqui está um pequeno exemplo que começa alto e depois se move para uma faixa mais baixa para criar um sentimento de reflexão e introspecção.

Exemplo 6e

Aqui está um exemplo que obtém o efeito oposto. Começo grave e vou para um registro mais alto para acrescentar emoção e drama.

Exemplo 6f

Essas cores são sutis, mas conectam-se com o seu público em um nível emocional profundo. São ferramentas importantes para o seu repertório, muitas vezes esquecidas na busca de encontrar o dispositivo teórico perfeito para aplicar a um acorde Bb7#9b13!

A extensão (que resulta em dinâmica) é uma ferramenta valiosa que você pode usar para planejar suas melodias e solos. Como vimos, pode ser usado para criar um ambiente reflexivo ou de emoção. Então, como é possível praticar o uso da extensão? Um exercício maravilhoso é tocar um solo usando *apenas uma corda*. Isso pode ser difícil no início, mas vai forçá-lo a fazer duas coisas muito importantes:

1. Fará você usar a extensão da guitarra

2. Vai fazer com que você pense mais cuidadosamente sobre a sua escolha de notas e fraseado

Aqui está um exemplo em que eu improviso um solo inteiramente na corda B.

Exemplo 6g

Aqui estão mais algumas passagens em torno das mudanças, usando essa abordagem.

Exemplo 6h

Você pode aplicar a ideia de tocar uma única corda no seu processo de *pensar, cantar e tocar*. É uma ótima maneira de descobrir onde as notas estão localizadas se você cantar uma frase e depois tocá-la em apenas uma corda. Isso o liberta da distração de padrões familiares de escala e de arpejos comuns.

Aqui está um exemplo em que canto e toco uma melodia, novamente na corda B.

Exemplo 6i

Você deve, é claro, fazer isso em cordas diferentes, embora possa ser bom limitar-se às quatro primeiras para começar. Aqui estou tocando um solo na corda D para te ajudar a encontrar a localização das notas.

Exemplo 6j

Tente *pensar, cantar e tocar* na corda D agora. Isso é importante porque você vai parar de tentar encontrar as escalas e, em vez disso, concentrar-se em encontrar as notas que você ouve na sua cabeça.

Exemplo 6k

Em última análise, o que eu escolho para tocar resume-se ao tom e à sensação. Nós sabemos que há mais de uma posição para tocar uma nota na guitarra, com sensações e texturas sutilmente diferentes. Aprendi com o Stéphane Grappelli, que fez muito disso no violino. Ele costumava repetir frases em cordas diferentes para criar nuances sutis no tom, assim:

Exemplo 6l

Gostaria de fazer uma última observação para concluir. Além de usar a extensão do instrumento, o *tom* que você escolher para tocar uma música é uma consideração importante. Quando estou tocando guitarra solo, muitas vezes transponho músicas para tons mais amigáveis. Não só porque me permite o acesso a cordas soltas para notas graves, mas por causa da riqueza de sonoridade que essas tonalidades transmitem.

Tonalidades como E, A e D, têm um som brilhante e feliz, enquanto as tonalidades diminutas, como F, Bb e Eb são mais escuras. A guitarra é projetada para tocar as tonalidades brilhantes de forma otimizada, então não é de se admirar que a sonoridade seja mais doce. Essa é outra forma de dizer que você deve sempre ter em mente o humor e a cor que você quer comunicar aos seus ouvintes. Pense qual tonalidade realmente dá vida a uma música, resultando no ambiente que você procura. É uma questão de usar a extensão completa do instrumento, para que as suas improvisações soem tridimensionais e estejam sempre indo para algum lado.

Capítulo Sete — Criando Interesse e Estrutura em seus Solos

Falamos em detalhes sobre diferentes formas de criar um solo de guitarra de jazz. A estratégia geral consistiu em, principalmente, ter em mente notas alvo específicas e em utilizar formas criativas de navegar entre elas. Mas há uma outra dimensão importante nos solos de jazz, muitas vezes negligenciada e raramente ensinada: como *acompanhar* um solo. O *ritmo* é um dos ingredientes chave que irá manter o seu público envolvido e ansioso para ouvir o que vem a seguir. O que queremos dizer com *ritmo*?

Deixe-me usar a analogia de um programa de TV. Um programa de TV bem escrito se desenvolve. Tem uma estrutura que aumenta gradualmente a tensão, introduz novas ideias e tem altos e baixos emocionais. Tem partes mais barulhentas e mais silenciosas, além de outras características que o tornam mais do que a soma de suas partes. Definir o ritmo de como esses ingredientes podem ser usados eficazmente é a marca de um bom contador de histórias. Um bom roteirista saberá como quer que a narrativa se desenrole: que emoções serão agitadas em 5 minutos e 10 minutos depois; como o espetáculo chegará ao seu auge antes dos créditos...

É exatamente assim que se estrutura um grande solo de jazz. Parece óbvio dizê-lo, mas se você começar com tudo, você não terá para onde ir. Uma compreensão sonora do ritmo permitirá que você leve seu público em uma jornada que tem altos e baixos e se desenvolve de maneira orgânica.

Como aprender a fazer isso?

Meu conselho é que assim como nos concentramos em pontos de acerto *melódico* em nossos solos, podemos atingir pontos de acerto de *dinâmica*. Por "dinâmica" quero dizer mais do que apenas tocar com mais ou menos volume. Para mim, a dinâmica inclui luz e sombra, mas também a quantidade de espaço que você deixa, a densidade de notas que você toca, a velocidade em que você toca, os intervalos nos quais você mira e a intensidade da sua execução.

Assim como o roteirista, você pode ter esses dispositivos à mão e planejar quando usá-los. Apontar para um *ponto de acerto de dinâmica* é, por exemplo, saber antecipadamente que, ao longo de três refrões, você atingirá um pico na parte superior do braço da guitarra e a densidade de notas aumentará à medida que você tocar um motivo rápido e repetitivo. Sabendo que você quer o auge do solo, pode gradualmente construir a intensidade da sua improvisação sobre os refrões que levam ao ponto de acerto.

Ter a visão ampla do solo que você quer tocar, ao invés de ficar preso nas minúcias de quais notas tocar ou quais escalas usar é muito libertador. É uma abordagem flexível. Alguns guitarristas pensam em seus solos em termos de quais licks e escalas usarão sobre quais acordes. Isso pode funcionar, mas considerando as variáveis intermináveis durante uma apresentação ao vivo, muitas vezes as coisas não correm bem. Se você errar uma nota ou perder seu lugar, toda a performance pode desmoronar.

Os pontos de acerto de dinâmica oferecem uma abordagem mais simples e libertadora. Você pode começar com algumas frases leves e espaçadas que vão crescendo gradualmente, descendo depois em direção à ponte. Depois disso comece a construir o clímax, revigorando o final do solo. Em vez de um grande final, dessa vez vou reduzir a intensidade para dar ao próximo solista uma plataforma para crescer.

Agora nós capturamos a arquitetura geral e o clima do nosso solo sem ficarmos presos em detalhes. Se você planejar rigidamente o seu solo em torno de *licks*, não terá espaço para mudar de direção em um ambiente musical rápido e criativo, sem rede de segurança. Mirando com a dinâmica você sempre pode adaptar rapidamente sua abordagem para responder àquilo que está acontecendo ao seu redor.

Notas erradas?

Cometer erros pode muitas vezes desviar os músicos do curso. Se você está apenas tocando *licks*, você provavelmente terá que parar se você cometer um erro porque você estará preso na frase que deu errado. Se você não estiver preso em *licks*, um erro (nem sequer chamo de erro, mas de "notas que não queríamos tocar") ainda permite adaptação — mesmo abraçar a nota que você não queria tocar e levar o solo em uma direção completamente nova.

Pense assim: qualquer nota que você não queria ter tocado é apenas uma nota de tensão. Está apenas a uma casa de distância de uma nota melhor. Se você pode pensar assim, você vai começar a perceber que "notas erradas" são outra oportunidade para ser criativo. Se você resolver uma "nota errada" fortemente, ela levará seu solo em um novo caminho.

Muitas vezes, me encorajo a tocar notas que eu não queria tocar, apostando em músicas com tonalidades diferentes, para que eu não confie nos meus velhos padrões. Sabendo que as minhas novas oportunidades são infinitas, isso realmente me ajuda a relaxar quando estou sozinho. Eu abraço essas notas e uso-as criativamente.

O maior erro é planejar o solo completamente. Isso coloca muita pressão sobre você. Quando eu toco, penso sempre: "não sei como isto vai acabar". Tenho experiência suficiente para saber que não vai ser um desastre total, mas abraçar essas notas é o segredo para relaxar e ser criativo.

Com tudo isso em mente, vamos ver em detalhes uma maneira de estruturar um solo de guitarra jazz. Os exemplos a seguir dividem uma transcrição completa do solo em pequenas seções.

Exemplo 7a

Aqui estão os compassos seguintes. Repare que já estou usando alguns padrões melódicos.

Exemplo 7b

No próximo exemplo, conduzo com um forte motivo que se transforma numa frase um pouco mais cheia, utilizando a estrutura de chamada e a resposta.

Exemplo 7c

Começo a construir a intensidade com volume, sequências de notas rápidas e dinâmica.

Exemplo 7d

Um motivo forte me motiva a tocar linhas mais rápidas após um breve mergulho de intensidade. A seção termina com a busca de algumas linhas de blues para equilibrar as frases mais rápidas.

Exemplo 7e

Começo a próxima seção combinando diferentes durações de notas, rápidas e lentas, antes de sentir que preciso equilibrar as linhas de notas únicas e introduzir algumas texturas de oitava.

Exemplo 7f

Agora eu aumento a intensidade novamente com algumas linhas cromáticas rápidas e de escala, que eu novamente equilibro com algum swing, reintroduzindo as oitavas. O solo termina comigo baixando a energia, quase me curvando para sair da sala, para que um solista seguinte comece seu solo. Repare como eu toco mais suavemente *e* toco menos notas.

Exemplo 7g

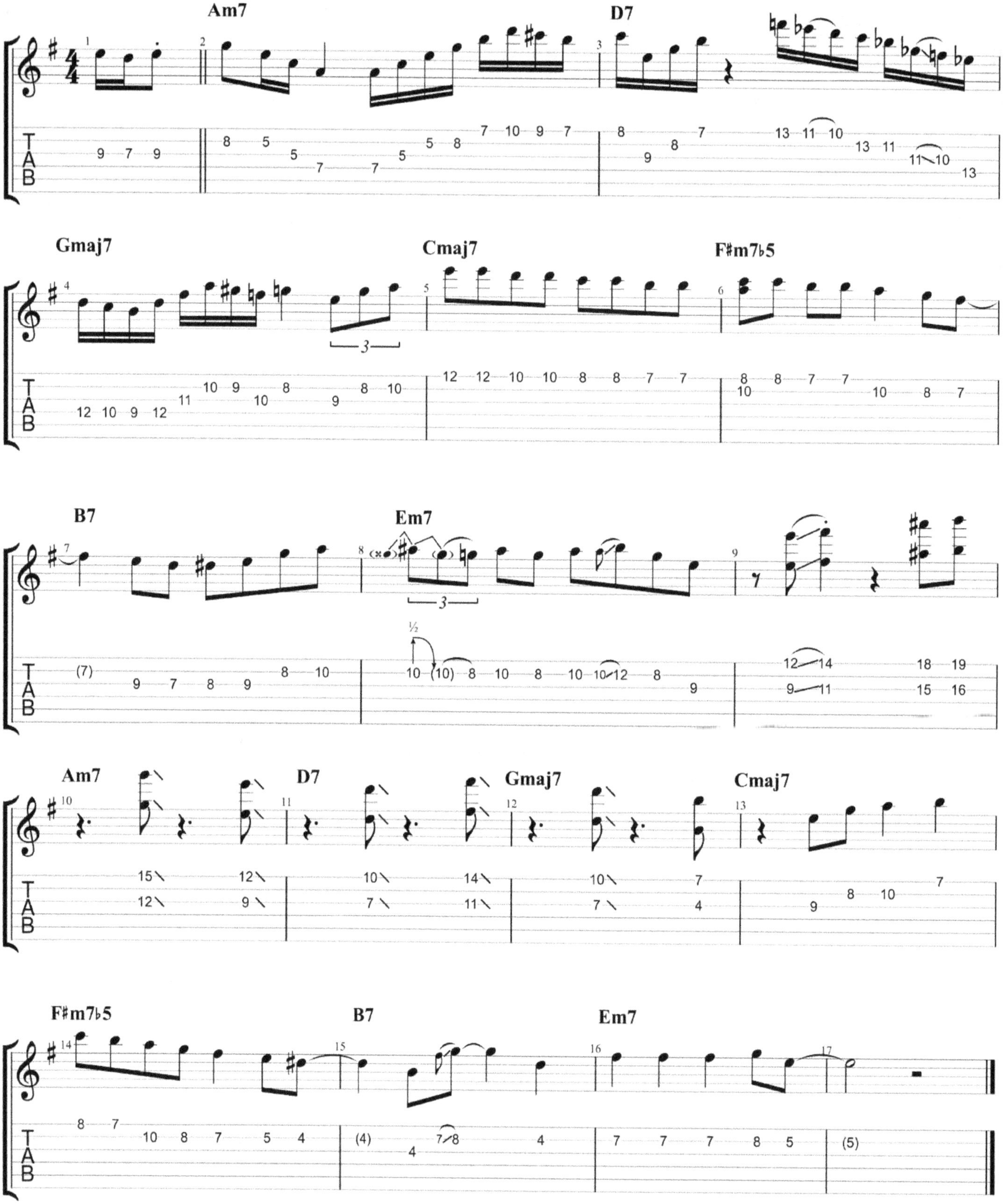

Tenho a certeza que você está pensando em algumas dessas linhas mais rápidas. Elas tendem a ser mais baseadas em escala, com notas cromáticas preenchendo as lacunas e mirando em tons no acorde seguinte. De fato, eu apenas dobro a quantidade que toco em cada acorde. Aqui estão algumas ideias que você pode copiar!

Exemplo 7h

Veja como as frases rápidas criam tensão enquanto as frases mais lentas a liberam. Isso pode funcionar ao contrário também, mas começar rápido e ficar lento é um ótimo ponto de partida na sua exploração dessa ideia.

Exemplo 7i

No acorde D7, eu costumo tocar o b9 (Eb) para criar um som um pouco mais tenso. Aqui está um pouco de vocabulário que lhe mostra como fazer isso.

Exemplo 7j

Espero que este capítulo tenha lhe dado mais informações e algumas ferramentas para ajudá-lo a estruturar seus solos e mantê-los interessantes, com ritmo e pontos de acerto de dinâmica. Lembre-se, não é só o que você toca, é uma mentalidade. Planeje com antecedência e tenha em mente a dinâmica do seu solo — os pontos altos, os pontos reflexivos, o rápido e o lento, o alto e o suave. Abrace as notas que não quer tocar e incorpore-as nas suas variações, porque elas abrem novas direções criativas que você nunca teria imaginado. Lembre-se: quando você tocar uma nota que não queria, está apenas a uma nota de distância de uma nota melhor!

Capítulo Oito — Juntando Tudo

Abordamos bastante conteúdo neste livro e muitos dos conceitos exigirão meses de trabalho para serem aperfeiçoados. Quero terminar aplicando todos os conceitos que aprendemos em um solo completo. Eu gostaria que você aprendesse, quebrasse cada ideia e frase para entender em quais notas eu estou mirando, para então compor suas próprias variações das minhas linhas.

Quando comecei a tocar guitarra, eu não memorizava solos inteiros. Eu ouvia com atenção e descobria minhas linhas favoritas. Sugiro que você se concentre no solo e foque em aprender as frases que realmente chamam a sua atenção. Use essas ideias na prática assim que puder.

No solo seguinte, você ouvirá como desenvolvo organicamente a melodia inicial usando variações simples, começando em seguida os alongamentos de um solista. Ouça minha dinâmica e tente esboçar como o solo sobe e desce em intensidade.

Começo com motivos simples.

Exemplo 8a

Então, começo a adaptar uma frase que gostei.

Exemplo 8b

A próxima seção usa uma ideia forte de chamada e resposta.

Exemplo 8c

Ouça como desenvolvo padrões rítmicos fortes nos próximos compassos.

Exemplo 8d

Há muitas ideias repetidas na próxima seção, que usam diferentes partes do braço da guitarra para demonstrar o uso da extensão.

Exemplo 8e

Agora há outra seção suave antes de algumas sequências de notas cromáticas para mirar em tons de acorde.

Exemplo 8f

A sua tarefa agora é aprender os meus próximos três refrões. Ouça os motivos fortes que estão sendo movidos em torno das mudanças, usando extensão, intensidade, dinâmica, legato e variação de melodias.

Exemplo 8g

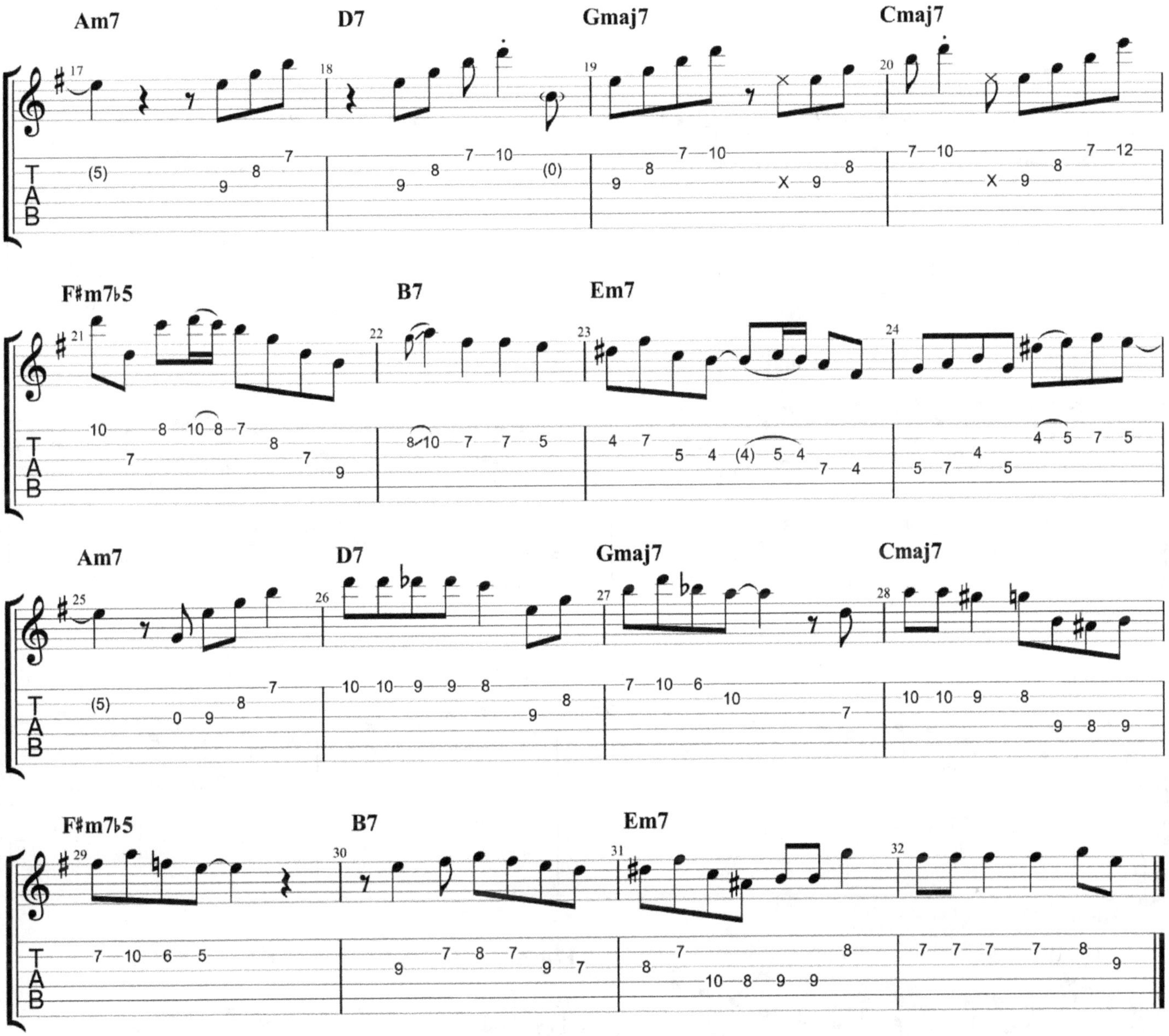
Am7
D7
Gmaj7
Cmaj7
F#m7♭5
B7
Em7
Am7
D7
Gmaj7
Cmaj7
F#m7♭5
B7
Em7
TAB

Exemplo 8h

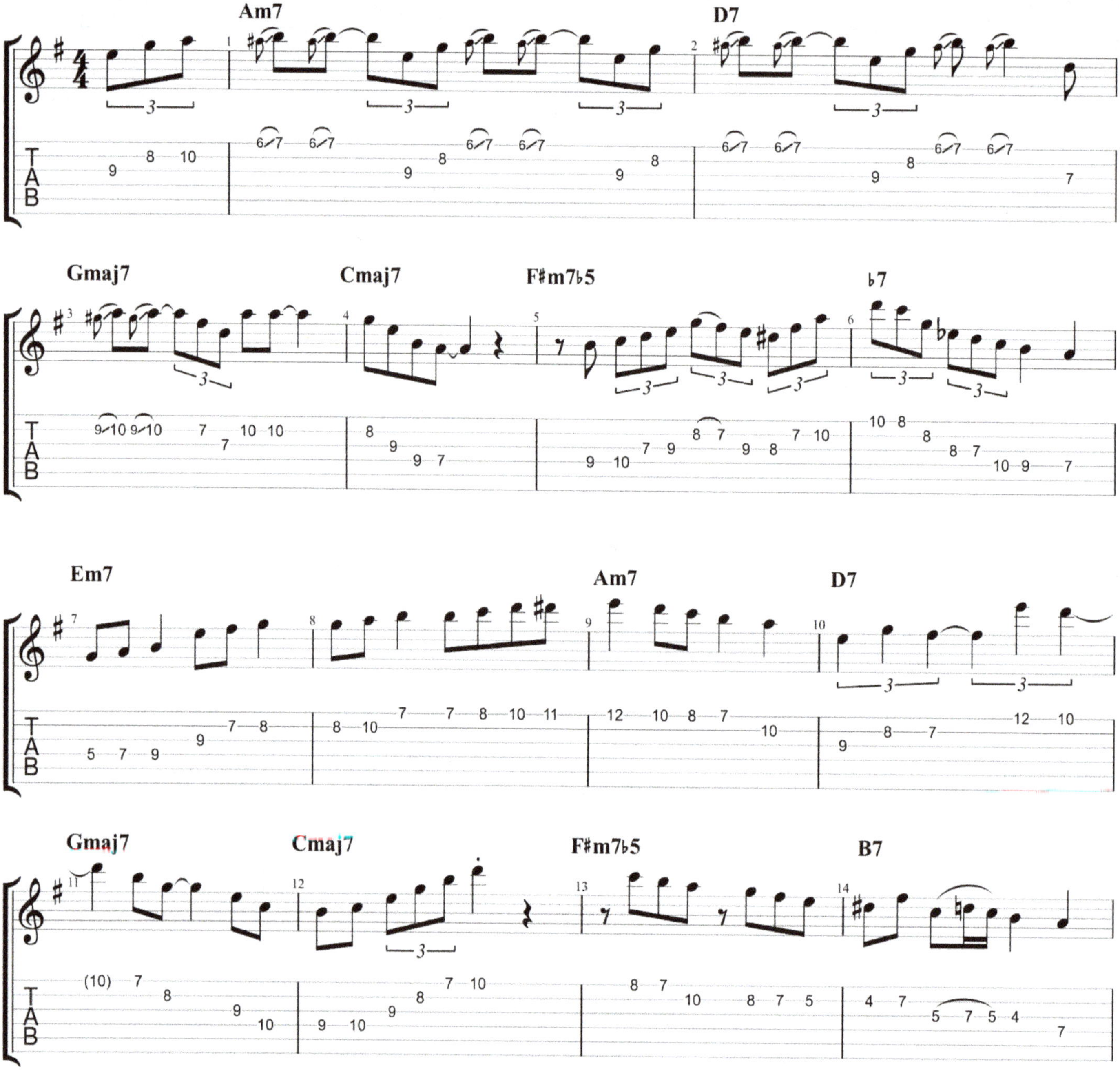

Em7
Am7
D7
Gmaj7
Cmaj7
F#m7♭5
B7
Em7
Am7
D7
Gmaj7
Cmaj7
F#m7♭5
B7
Em7

Exemplo 8i

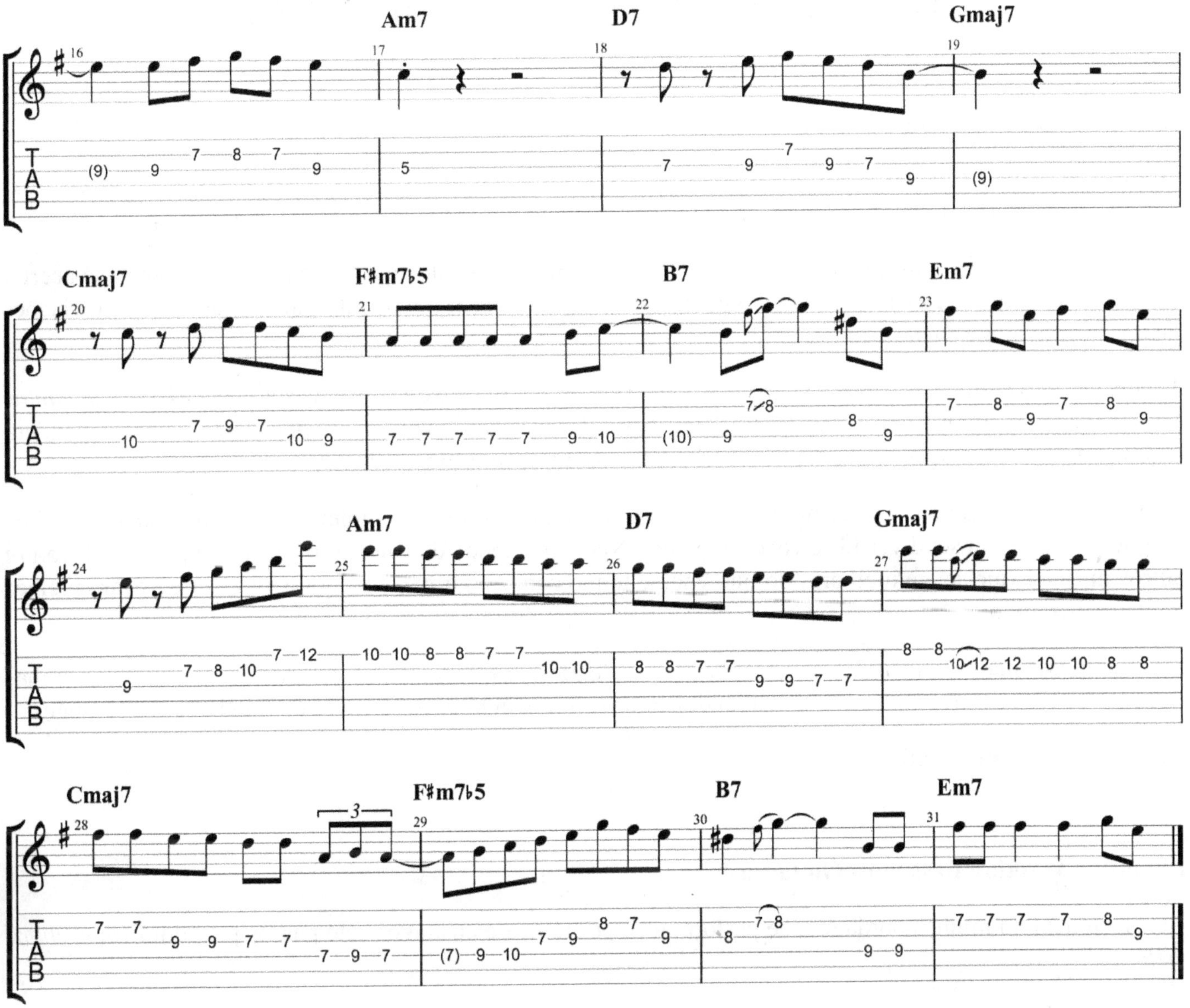
Am7 D7 Gmaj7
Cmaj7 F♯m7♭5 B7 Em7
Am7 D7 Gmaj7
Cmaj7 F♯m7♭5 B7 Em7

Conclusão e Leituras Complementares

Parabéns, chegamos ao fim!

Espero que os ensinamentos deste livro tenham dado uma visão clara sobre a forma como me aproximo do solo da guitarra jazz. Tentei não esconder nada, explicando o meu processo o mais claramente possível.

Lembre-se, cada solo começa variando a melodia da música e ouvindo aqueles importantes pontos de acerto. Quando esses são fortes para os seus ouvidos, você pode mirar em novos intervalos e levar essas variações cada vez mais longe da melodia original.

A regra de ouro para desenvolver a sua criatividade jazzística e tocar o que ouve na sua cabeça é *pensar, cantar e tocar*. Se você praticar isso todos os dias, suas habilidades se desenvolverão rapidamente e você dependerá muito menos da "teoria de execução". A melodia está sempre em primeiro lugar.

O que lhe ensinei aqui vai levar muitos anos para ser assimilado por completo, mas isso é uma coisa boa porque a viagem vai ser divertida e você vai gostar. Não tenha medo de colocar as ideias em prática. Encontre outros músicos que sejam melhores do que você e toque com eles o máximo possível — você ficará melhor muito mais rápido.

Se você quiser mais informações sobre o meu estilo de tocar, e quiser aprender como eu toco acordes, linhas de baixo e solos ao mesmo tempo, eu tenho dois outros livros publicados através de Fundamental Changes:

Chord Melody em Detalhes

e

Linhas de Walking Bass Para Guitarra Jazz

Neles, eu detalho minha abordagem de performance polifônica e ensino os sete passos para dominar o *chord melody*.

Além disso, fique de olho no meu novo livro de músicas de natal, arranjado para violão *chord melody*, que será lançado em novembro de 2019. Acho que você vai ganhar muito com isso, aprendendo ainda mais a minha abordagem para arranjar qualquer música na guitarra.

A regra mais importante na música é sempre se divertir e manter sua mente aberta para novas ideias e possibilidades.

Tudo de bom,

Martin

www.ingramcontent.com/pod-product-compliance
Lightning Source LLC
Chambersburg PA
CBHW081434090426

42740CB00017B/3299